suhrkamp taschenbuch 5259

Rachel Cusk erzählt von der heiklen Entscheidung, direkt nach der Geburt der Töchter als Schriftstellerin weiterzuarbeiten, während ihr Mann, zuvor erfolgreicher Fotograf, Töchter und Haushalt übernimmt. Eine unkonventionelle Konstellation, schwierige Umstände, dann die Krise, bald darauf die Trennung. Schonungslos geht sie dabei mit sich ins Gericht, spricht über die eigenen Fehler und Unzulänglichkeiten.

Was genau passiert da, wenn so eine Ehe kollabiert? Wenn man nicht mehr die Hälfte eines Paares ist, sondern nur noch man selbst, eine Frau, einzeln und heillos gebrochen? Man fällt aus allen traditionellen und ideologischen Rollen und Bezügen und legt vollends die gewohnten Kostümierungen ab. Darin liegen Schmerz und Anlass zu bohrenden Zweifeln. Aber auch die Möglichkeiten zu einer Selbstbefragung, die befreit.

Rachel Cusk, 1967 in Kanada geboren, hat die international gefeierte *Outline*-Trilogie, die Memoirs *Lebenswerk* und *Danach* sowie zahlreiche weitere Romane und Sachbücher geschrieben. *Der andere Ort*, ihr zuletzt erschienener Roman, stand auf der Longlist des Booker Prize. Sie ist Guggenheim-Stipendiatin und lebt in Paris.

Eva Bonné übersetzt Literatur aus dem Englischen u.a. von Sara Gran, Richard Flanagan und Michael Cunningham.

Rachel Cusk

DANACH

Über Ehe und Trennung

Aus dem Englischen von
Eva Bonné

Suhrkamp

Die Originalausgabe erschien 2012 unter dem Titel
Aftermath
bei Faber & Faber, London.

Erste Auflage 2022
suhrkamp taschenbuch 5259

Umschlaggestaltung:
Designbüro Lübbeke, Naumann, Thoben, Köln
Druck und Bindung: CPI books GmbH, Leck
Printed in Germany
ISBN 978-3-518-47259-0

www.suhrkamp.de

Danach

Für RCJ, den weisen Soldaten

Weise zu sein wies er den Weg
Den Sterblichen, und er setzte dies:
Daß aus Leid wir lernen.
Träufelt im Herzen zur Stunde des Schlafs
Kummer, des Argen eingedenk,
Lernt Weisheit auch verstocktes Gemüt.
Huld der Geister ist's, die fest
Am heiligen Steuer sitzen.

Aischylos, Die Orestie

Danach

Kürzlich haben mein Mann und ich uns getrennt, und im Laufe weniger Wochen brach unser gemeinsam gestaltetes Leben auseinander wie ein Puzzle, das in seine Einzelteile zerlegt wird.

Manchmal ist das Raster eines Puzzles im zusammengesetzten Motiv nicht mehr erkennbar. Erfahrene Spieler sind stolz darauf, aber meistens sieht man doch etwas. Das einfallende Licht offenbart Furchen in der Oberfläche, und makellos wirkt das Bild nur von fern. Meine jüngere Tochter puzzelt gern. Die ältere nicht; sie baut lieber Kartenhäuser, in deren Umgebung alle reglos und still sein müssen. Auf mich wirken diese Beschäftigungen wie unterschiedlich geartete Versuche, Kontrolle auszuüben, gleichzeitig scheinen sie einen Beweis dafür zu liefern, dass es mehr als eine Art von Geduld gibt und die Unduldsamkeit viele Gesichter hat. Wie ich finde, nehmen meine Töchter die Ausprägungen ihres jeweiligen Naturells ein wenig zu ernst; die eine ärgert sich über die entgegengesetzte Neigung der anderen. Tatsächlich könnte man behaupten, dass ihre unterschiedlichen Beschäftigungen eine Form des Streitens darstellen, denn letztendlich ist Streit nur Notwehr in Sachen Selbstdefinition. Manchmal habe ich mich gefragt, ob das moderne Familienleben mit seiner unerbittlichen Fröhlichkeit, seinem absolut unbegründeten Optimismus und seinem

Vertrauen nicht auf Gott oder Wirtschaftlichkeit, sondern auf das Prinzip der Liebe an dem Versäumnis scheitert, das menschliche Bedürfnis nach Krieg anzuerkennen und sich dagegen zu wappnen.

»Die neue Wirklichkeit« war ein Ausdruck, der in jenen ersten Wochen oft aufkam. Die Leute wendeten ihn auf meine Lage an, als bezeichnete er eine Art Fortschritt. Dabei war es in Wahrheit eine Regression: Das Leben hatte den Rückwärtsgang eingelegt. Auf einmal bewegten wir uns nicht mehr vor, sondern zurück, zurück ins Chaos, in Geschichte und Frühgeschichte, zurück zum Anfang der Dinge und dann noch weiter in die Zeit, bevor diese Dinge existierten. Ein Teller fällt zu Boden; die Scherben sind die neue Wirklichkeit. Ich musste mich an die neue Wirklichkeit erst gewöhnen. Meine beiden kleinen Töchter mussten sich daran gewöhnen. Dabei war die neue Wirklichkeit, soweit ich es beurteilen konnte, jetzt schon kaputt. Als unversehrtes Ganzes hatte sie jahrelang ihren Zweck erfüllt, aber in Bruchstücken war sie zu gar nichts zu gebrauchen, es sei denn, diese ließen sich wieder zusammenfügen.

Mein Mann glaubte, ungeheuerlich behandelt worden zu sein. Nichts konnte diesen Glauben erschüttern; seine ganze Welt hing davon ab, das war seine Geschichte, und in letzter Zeit hasse ich Geschichten. Wenn jemand mich fragen würde, welche Katastrophe über mein Leben hereingebrochen ist, könnte ich zurückfragen, ob er die Geschichte hören will oder die Wahrheit. Ich könnte der Erklärung halber sagen, dass ein wichtiges Gehorsamsgelübde gebrochen wurde. Ich könnte sagen, dass ein Roman stockt, stillsteht und sich nicht weiterschreiben lässt, wenn mir beim Schreiben Fehler unterlaufen, dass ich in dem Fall zurückgehen und den Fehler im Aufbau suchen muss. Normalerweise liegt das Problem im Verhältnis von Geschichte und Wahrheit. Die Geschichte muss der Wahrheit gehorchen und sie darstellen wie Kleidung einen Körper. Je enger anliegend der Schnitt, desto schmeichelnder der Effekt. Unbekleidet kann die Wahrheit verletzlich, unansehnlich und schockierend sein; übertrieben aufgemacht wird sie zur Lüge. Eine der grundsätzlichen Schwierigkeiten im Leben bestand für mich in dem Versuch, zwischen den beiden zu schlichten, wie ein Scheidungskind zwischen seinen Eltern schlichten möchte. Meine Kinder tun genau das; wenn wir alle zusammen sind, zwingen sie die Hand meines Mannes in meine. Sie versuchen, die Geschichte abermals zu einer Wahrheit werden zu lassen, oder die Wahrheit zu einer Unwahrheit. Ich habe nichts dagegen, die Hand meines Mannes zu halten, aber ihm gefällt das nicht, denn es ist schlechte Form – und Form ist wichtig für eine Geschichte. Alles, was in unserem Zusammenleben formlos war, gehört jetzt mir. Deswegen bereitet es mir keine Umstände, es stört mich nicht, seine Hand zu halten.

Nach einer Weile hörte die Zeit auf, rückwärts zu gehen, aber da hatten wir schon eine weite Strecke hinter uns gebracht. Binnen weniger Wochen machten wir alles zunichte, was bis zum Augenblick der Trennung Bestand hatte. Wir machten die Geschichte selbst zunichte, und am Ende gab es nichts mehr zu zerlegen außer den Kindern, was einen naturwissenschaftlichen Eingriff erfordert hätte. Wir aber existierten vor den Naturwissenschaften. Wir hatten uns gleichsam in das Großbritannien des siebten Jahrhunderts zurückbewegt, in eine Zeit vor der Einführung des Staatswesens. Damals war England unterteilt; ich erinnere mich, in der Schule eine Karte der frühmittelalterlichen Heptarchie gesehen zu haben und fassungslos gewesen zu sein angesichts dieser Diffusität, der fehlenden Zentralmacht, der Abwesenheit von König, Hauptstadt und Institutionen. Stattdessen gab es nur Landstriche, deren Namen – Mercien, Wessex – irgendwie weibisch klangen. Ihren fortwährenden Zankereien und ihren kleinteiligen, mühsamen Niederlagen und Siegen schien eine treibende und einigende Kraft zu fehlen, die ich, wäre ich mir der Frage bewusst geworden, als männlich identifiziert hätte.

Unsere Geschichtslehrerin Mrs Lewis war eine Frau von Anmut und Statur, eine Art Elefanten-Ballerina, in der sich die Prinzipien von Masse und Weiblichkeit einen Eskalationskrieg lieferten. Das frühe Mittelalter war ihre Epoche. Sie hatte in Oxford studiert und fand sich nun in einer mittelmäßigen katholischen Mädchenschule vor unserer Klasse wieder, auf beigen Pumps und in farblich abgestimmten, maßgeschneiderten Kostümen, die drohten eines Tages abzurutschen wie die Abdeckplane von einer Statue und ihren mächtigen rosa Körper zu enthüllen. Die Anrede Mrs verriet uns, dass sie verheiratet war, doch wie die unterschiedlichen Aspekte ihres Lebens zueinander in Beziehung standen, wussten wir nicht. Ausgiebig erörterte sie König Offa von Mercien, dessen Vision des vereinten England einen ersten Vorstoß männlichen Ehrgeizes erahnen ließ und dessen gewaltige Wallanlagen, Offa's Dyke, bis heute daran erinnern, dass Trennung nur einen weiteren Aspekt von Einigung darstellt und man sich ebenso gut über das definieren kann, was man nicht ist. Tatsächlich haben die Historiker sich nie einigen können, ob die Wallanlagen der Abwehr der Waliser dienten oder bloß eine Grenze markierten. Was Offas Macht betraf, war Mrs Lewis' Haltung gespalten; sicher, er hatte den Weg der Zivilisation beschritten, das allerdings auf Kosten der Vielfalt und des stillen Gedeihens, welches immer dort stattfindet, wo nichts gebaut und kein Ziel angestrebt wird. Sie hegte eine Vorliebe für das frühe Angelsachsentum, als das Konzept der Macht noch nicht ausdefiniert war. Auf gewisse Weise war das frühe Mittelalter selbst eine »neue Wirklichkeit«, bestand es doch aus den Scherben des größten aller Teller, des Römischen Reichs. Manche nennen das Danach jener megalomanischen, alles erobernden Einheit das »dunkle Zeitalter«, nicht aber Mrs Lewis. Sie mochte es; sie liebte die unbesiedelte Ödnis, die Klöster, wo in aller Stille die Kreativität gefördert wurde, die Mystiker, die Visionäre, die frühen religiösen Schriften, die Frauen, die in jenen formlosen, undefinierten Jahrhunderten an Gestalt gewannen, und das persönliche Graswurzelniveau, auf dem in Abwesenheit der großen Verwalterin namens Zivilisation alle Fragen nach Recht und Glauben neu verhandelt werden mussten.

Denn schlussendlich waren diese Dunkelheit – oder wie immer man sie nennen will – und dieses Chaos nicht bloß Verneinung und Abwesenheit. Sie waren Danach und Auftakt zugleich. In der Landwirtschaft gibt es das Spätheu, eine zweite Ernte, die nach dem eigentlichen Schnitt gemäht und eingebracht wird. Zivilisation, Ordnung, Sinn und Glaube waren keine sonnenbeschienenen, durch stetes Klettern zu erreichenden Gipfel. Sie wurden errichtet und sind kollabiert, wurden erneut gebaut, stürzten ein oder wurden zerstört. Die nachfolgende Dunkelheit und das Chaos besaßen eine eigene Wirklichkeit und Geschlossenheit; sie verhießen Zivilisation, wie der Schlaf Aktivität verheißt. Im unterteilten Leben besteht die Möglichkeit zur Einheit fort, so wie jede Einheit die Aussicht auf Pulverisierung in sich trägt. In Mrs Lewis' Augen war es besser, das unterteilte, chaotische Leben anzunehmen und die dunklen Regungen der Kreativität zu spüren, als in zivilisierter Einheit zu existieren und dabei ständig vom Impuls der Zerstörung geplagt zu werden.

* *

Morgens bringe ich meine Töchter zur Schule, am frühen Nachmittag hole ich sie wieder ab. Ich räume ihre Zimmer auf, wasche und koche. Die Abende verbringen wir meist zu dritt. Ich helfe ihnen bei den Hausaufgaben, stelle ihnen das Essen hin und bringe sie ins Bett. Alle paar Tage gehen sie zu ihrem Vater, dann ist das Haus leer. Anfangs fand ich diese Zwischenspiele schwer erträglich, doch inzwischen haben sie etwas Neutrales, eine solide Leere, die etwas vage Vorwurfsvolles hat. Es ist, als wären diese einsamen Stunden, wenn zum ersten Mal seit vielen Jahren nichts von mir verlangt oder gebraucht wird, meine Kriegsbeute, etwas, das ich im Tausch gegen den Konflikt erworben habe. Ich durchlebe sie eine nach der anderen. Ich schlucke sie wie Krankenhausessen. Auf diese Weise werde ich am Leben gehalten.

Und du nennst dich Feministin, sagte mein Mann in den rauen, bitteren Wochen nach der Trennung angewidert zu mir. Er war überzeugt, in unserer Ehe die Rolle der Frau gespielt zu haben, und nun schien er von mir zu erwarten, dass ich ihn gegen mich, den männlichen Unterdrücker, in Schutz nahm. Einzukaufen, zu kochen und die Kinder von der Schule abzuholen, war in seinen Augen etwas Weibliches, auch wenn ich mich ausgerechnet bei diesen Tätigkeiten besonders geschlechtslos gefühlt hatte. Meine Mutter war in meinen Augen nicht schön gewesen, wenn sie ihren Hausfrauenpflichten nachgekommen war, folglich schienen diese Pflichten ihre Weiblichkeit nicht zu betonen, sondern zu bedrohen. Damals wohnten wir in einem Dorf im flachen Suffolk. Sie verbrachte einen großen Teil der Zeit am Telefon; ihre Stimme, mit der sie sozusagen zu sich selbst sprach, war hypnotisierend. In meinen Ohren klangen ihre Sätze vorformuliert und ihr Lachen aufgesetzt. Wer war diese Frau am Telefon? Meine Mutter war ein Mensch, den ich nur von innen kannte; ich teilte ihren Standpunkt und schien in ihrer Langeweile, ihren Freuden und ihrer Gereiztheit zu hausen. Blindlings übernahm ich ihre Rolle. Wie konnte ich wissen, was meine Mutter war? Wie konnte ich sie sehen? Ihre Aufmerksamkeit streifte mich wie ein Blick aus einem inneren Auge, das mich nie direkt ansah und das sein Wissen aus meinem eigenen Wissen über mich selbst bezog.

Doch sobald sie mit anderen Menschen zusammen war, konnte ich sie objektiv wahrnehmen. Manchmal besuchte uns eine ihrer Freundinnen zum Mittagessen, und dann kam es plötzlich zum Vorschein, das Gesicht meiner Mutter. Plötzlich konnte ich sie sehen, mit anderen Frauen vergleichen und besser oder schlechter finden;

ich sah, wie sie gemocht, beneidet oder herausgefordert wurde, und lernte ihre besonderen Vorlieben und Launen kennen, die sie von anderen trennten. Bei solchen Gelegenheiten erschien mir ihre Rolle, die ja mein Zuhause war, so unzugänglich und dunkel wie ein leeres Haus. Wenn ich anklopfte, wurde ich knapp, bisweilen barsch abgewiesen. Ihr sonst so ausladender, gedankenlos allgegenwärtiger Körper erschien mir wie eingepackt und woanders verstaut. Und auch sie war ausgesperrt, denn sie war vorübergehend von der Aufgabe entbunden, sie selbst zu sein. Stattdessen schauspielerte sie; sie war pure Geschichte, mal schlecht, mal gut erzählt.

Ihre Freundinnen waren in der Regel auch Mütter. Ich erkannte die Geografie dieser Frauen wieder, diese rätselhafte Aura, die ihre Masken aus Make-up und Reden umschloss wie offene Landschaft eine Stadt. In diese Landschaft konnte man unmöglich gelangen, aber man wusste, sie war da. Eine der Freundinnen, Sally, war anders als die anderen. Seinerzeit verstand ich nicht, warum, heute schon: Sally, eine große, witzige Frau mit einem traurigen Gesicht, hatte keine Kinder. In den traurigen Zügen um ihren Mund und ihre Augen konnte man sich frei bewegen; sie standen allen offen. Einmal besuchte sie uns, kurz nachdem meine Mutter einen Schokoladenkuchen gebacken hatte. Meine Mutter wollte ihr das Rezept geben, doch Sally sagte: »Wenn ich diesen Kuchen backe, esse ich ihn ganz allein auf.« Dass eine Frau einen ganzen Kuchen aufessen könnte, war mir neu. Die Leistung erschien mir fantastisch, wie Gewichtheben, aber ich konnte sehen, dass meine Mutter den Kommentar missbilligte. Offenbar hatte Sally die Regeln verletzt. Ohne es zu wollen, hatte sie einen Spalt in die hohe Mauer der Weiblichkeit geschlagen und mir versehentlich zu einem Blick auf das verholfen, was auf der anderen Seite lag.

* *

Über manche Ereignisse im Leben kann es kein Vorwissen geben, beispielsweise über Krieg. Ein Soldat, der zum ersten Mal in die Schlacht zieht, weiß nicht, wie er sich angesichts des bewaffneten Feindes verhalten wird. Er kennt diesen Teil seiner selbst noch nicht. Ist er ein Mörder oder ein Feigling? Im Ernstfall wird es sich zeigen, aber bis dahin kann er nicht wissen, wie seine Reaktion ausfallen wird.

Mein Ehemann verlangte die Hälfte von allem, was sich auch auf die Kinder bezog. Nein, sagte ich. Was soll das heißen, nein?, fragte er am Telefon. Ich blickte aus dem Fenster in den Garten, ein Rechteck zwischen anderen städtischen Rechtecken, auf deren Grenzen die Katzen umherschlichen. In der letzten Zeit war der Garten verwildert. Die Beete waren von Unkraut überwuchert und die Grashalme, Haaren gleich, immer länger geworden. Doch egal, wie ungepflegt unser Garten aussah das Raster blieb intakt und die anderen Rechtecke bewahrten ihre Form.

Menschen kann man nicht halbieren, sagte ich.

Dann sollen sie die halbe Zeit bei mir sein, sagte er.

Es sind meine Kinder, sagte ich. Sie gehören zu mir.

In der griechischen Tragödie beschwört die Leugnung des biologischen Schicksals eine Veränderung herauf, die den Tod bedeutet, und einen Tod, der Veränderung ist.

Die rachsüchtige Mutter, der selbstische Vater, die pervertierte Familie, das mordende Kind – alles nur blutige Wege zu Demokratie und Gerechtigkeit. Die Kinder gehören zu mir. Früher hätte ich die Aussage scharf kritisiert, aber über manche Ereignisse im Leben kann es kein Vorwissen geben. Was hatte diese Ketzerei in die Welt gesetzt? Wo hatte sie, falls sie mir zu eigen war, all die Jahre überdauert, in unserem gleichberechtigten Haushalt? Wo hatte sie sich versteckt? Meine Mutter erzählte gern von den ersten englischen Katholiken, die im Verborgenen lebten und praktizierten und die in Schränken oder unter Dielenbrettern schliefen. Sie fand es ganz erstaunlich, dass wahrer Glaube sich tarnen musste. Oder war dies nun tatsächlich die verfolgte Wahrheit und unsere Art zu leben die Ketzerei?

Ich wiederholte den Satz mehrfach, ich konnte nicht anders. Ich sagte ihn zu meiner Freundin Eleanor: Die Kinder gehören zu mir. Eleanor ist berufstätig und mitunter wochenlang auf Geschäftsreise. Wenn sie nicht da ist, übernimmt ihr Mann. Er bringt die Kinder ins Bett und übergibt sie am Morgen der Nanny. Eleanor schürzte ganz leicht die Lippen und schüttelte missmutig den Kopf. Ein Kind gehört ebenso zu seinem Vater wie zu seiner Mutter, sagte sie. Ich wiederholte den Satz – die Kinder gehören zu mir – gegenüber meiner Freundin Anna, die keinen Job und vier Kinder hat. Annas Mann arbeitet sehr viel. Sie kümmert sich praktisch allein um die Kinder. Ja, sagte sie, es sind deine Kinder. Sie brauchen dich. Du solltest sie zu deiner obersten Priorität machen.

Anscheinend hatte die körperliche Geschichte, die ich mit meinen Töchtern teile, in einem Zustand der Verbannung existiert. Wurde ich als Mutter verleugnet? Der lange Pilgerweg der Schwangerschaft mit seinen Wundern und Demütigungen, die Apotheose der Geburt, die mit der Mutterschaft einhergehende Plünderung der letzten Winkel meiner Lebenswelt, der langsame Wiederaufbau – all das wurde im Laufe der Zeit verschwiegen, mutwillig unterschlagen oder beiläufig vergessen, dabei war es, wie ich heute weiß, jene dunkle Epoche, aus der die Zivilisation unserer Familie hervorging. Und in gewisser Hinsicht war ich am Pakt des Schweigens beteiligt, denn eine der Bedingungen für den Vertrag, der meine Gleichstellung garantierte, lautete, dass ich mich nicht auf den Primitivismus der Mutter berufen würde, auf ihre eingeborene Überlegenheit, auf den Voodoo, der den Mechanismus der Gleichberechtigung zusammenbrechen lässt. Einmal hat meine Mutter am Abendbrottisch hemmungslos geweint und uns vorgeworfen, wir hätten uns nie bei ihr bedankt, obwohl sie uns doch zur Welt gebracht habe. Später machten wir – grausame Teenager von Welt – uns darüber lustig. Unsere Beklemmung hatte einen guten Grund: Der Vorwurf traf uns zu Unrecht. War nicht mein Vater derjenige, der sich hätte bedanken sollen, weil sie ihm Form, Inhalt und Beständigkeit verliehen hatte? Stattdessen lief sein Beitrag, die Arbeit, parallel zu ihrem; sie war diejenige, die dankbar sein sollte, wenigstens oberflächlich. Jahrelang war er ins Büro gefahren und wieder zurückgekehrt, so zuverlässig wie die Schweizer Bahn und ebenso befugt, wie sie unberechtigt war. Die Rationalität seines Verhaltens ließ ihres irrational erscheinen, als wäre ihre Weiblichkeit eine Zumutung, eine Streitsache, eine Maßlosigkeit und ein

Problem, für das seine Arbeit die Lösung darstellte. Wieso erwartete sie Dank für etwas, das niemand als Geschenk betrachtete? Durch sie dienten wir alle dem Leben; sie war die gestrenge Stellvertreterin einer stumpfen Herrin, der Natur. Sie gab, wie die Natur gibt, doch allein mit Dankbarkeit würden wir in der Natur nicht überleben. Wir mussten ihr Geschenk zähmen und kultivieren, was wir uns wiederum als Leistung anrechneten. Wir hatten uns mit der Zivilisation verbündet.

Wie Gott zeigte mein Vater sich vor allem in seiner Abwesenheit, und vielleicht war es einfacher, jemandem dankbar zu sein, der nie da war. Auch er schien dem Ruf der Zivilisation zu folgen und sie zu verstehen, wenn sie zu ihm sprach. Wir rationalen Wesen taten uns gegen das Heidentum meiner Mutter zusammen, gegen ihre Emotionszyklen und gegen ihren Blick, der stets auf dem ruhte, was geschehen und vorüber war, oder auf der befreienden Leere dessen, was noch kommen würde. Diese Eigenschaften hatten anscheinend keinen Ursprung, sie waren weder der Mutterschaft eigen noch meiner Mutter, sondern einer ewigen Tatsache, die sich aus dem Zusammentreffen der beiden ergab. Mir war natürlich bewusst, dass sie vor langer Zeit in ihrer Wirklichkeit und in Echtzeit gelebt hatte. Der Anblick ihrer schlanken Gestalt auf dem Hochzeitsfoto über dem Kamin war immer wieder fesselnd: Da stand sie, das bereitwillige Opfer, ganz in Weiß, eine lächelnde Schönheit mit schmaler Taille, kompakt wie ein Samen. Der Schlüssel, der Clou des Ganzen lag wohl darin, wie wenig von ihr vorhanden war. In den feinziselierten Zügen ihrer Schönheit war unsere ganze weitschweifige Zukunft verschlüsselt. Diese jugendliche

Schönheit war nun verschwunden, restlos verbraucht wie Öl, das zum Zweck der Verbrennung aus der Erde gesaugt wird. Das Öl hat die Welt hektisch, chaotisch und maßlos gemacht, und wenn ich das Foto betrachtete, erschien mir meine Familie wie das aufgedunsene Produkt der Schönheit meiner Mutter.

Für mich war die Vorstellung von weiblicher Schönheit im Laufe der Zeit zu etwas Theoretischem geworden, wie die Vorstellung eines Migranten von seiner Heimat. Und tatsächlich hatte sich im Generationenwechsel von meiner Mutter zu mir eine Art Völkerwanderung ereignet. Meine Mutter mochte das Land meiner Geburt gewesen sein, aber angenommen hatte ich die Nationalität meines Vaters. Sie hatte Ehe und Mutterschaft angestrebt und wollte auf die legitimierende Weise von einem Mann begehrt und besessen werden. Ich war die Frucht dieser Bestrebungen, doch während der Entwicklung von ihr zu mir war die Frage der Legitimierung irgendwie zu meinem eigenen Problem geworden. Die Bestrebungen meines Vaters – erfolgreich zu sein, zu verdienen und zu versorgen – passten mir nicht ganz, sie waren wie für einen anderen Menschen geschneiderte Kleidung, doch es gab nichts anderes. So trug ich sie und fühlte mich dabei immer ein bisschen unwohl, leicht geschlechtslos, aber wenigstens bekleidet. Als Crossdresserin erfuhr ich Bestätigung in Form von Auszeichnungen und guten Noten. Ich durfte in Oxford studieren und meine Schwester in Cambridge; im neuen Land der Gleichberechtigung waren wir wie Einwanderinnen, die sich in zweiter Generation erfolgreich assimilieren.

Ein Mensch wird geprägt durch das, was seine Eltern

sagen und tun, und auch durch das, was sie sind. Doch was, wenn das, was sie sagen, und das, was sie sind, nicht übereinstimmen? Mein Vater, ein Mann, brachte uns, seinen Töchtern, männliche Werte bei. Meine Mutter, eine Frau, tat dasselbe. Folglich war sie es, die nicht passte und die keinen Sinn ergab. Wir sind den geschichtlichen Umständen ebenso unterworfen wie unsere Eltern; es wäre wohl inakzeptabel gewesen, hätte sie uns im Großbritannien des ausgehenden zwanzigsten Jahrhunderts erklärt, wir bräuchten uns in Mathe nicht anzustrengen, weil es wichtiger sei, einen netten Ehemann und Versorger zu finden. Und doch hatte ihre eigene Mutter ihr wahrscheinlich genau das erzählt. Sie, eine Frau und Mutter, hatte uns nichts mitzugeben oder zu vererben als diese gepanschten männlichen Werte. Von jenem Heimatland der Schönheit, das geplündert und verlassen zurückblieb – ähnlich der Landschaft von Suffolk, die in den Jahren meines Heranwachsens geplündert und durch Straßen und Gebäude entstellt wurde, deren Anblick meine überempfindlichen Augen schmerzte –, von jener Heimat, der weiblichen Schönheit, der ich entstammte, wusste ich wenig. Weder kannte ich mich in ihren Sitten und Gebräuchen aus, noch beherrschte ich ihre Sprache. In der Welt der Weiblichkeit, deren Staatsbürgerschaft mir rechtmäßig zugestanden hätte, war ich eine Fremde.

* *

Und du nennst dich Feministin, sagt mein Mann. Vielleicht werde ich ihm irgendwann antworten: Ja, du hast recht. Ich sollte mich nicht Feministin nennen. Du hast recht. Es tut mir schrecklich leid.

Und in gewisser Weise wird es ehrlich gemeint sein. Was ist überhaupt eine Feministin? Was bedeutet es, sich eine zu nennen? Manche Männer bezeichnen sich als Feministen, manche Frauen als Anti-Feministinnen. Ein feministischer Mann ist ein bisschen wie ein Vegetarier: Womöglich verteidigt er das humanitäre Prinzip an sich. Manchmal scheint Feminismus mit so viel Kritik an der weiblichen Lebensweise einherzugehen, dass man verständlicherweise auf den Gedanken kommen könnte, eine Feministin wäre eine Frau, die andere Frauen hasst, weil sie solche Trottel sind. Dann wiederum soll eine Feministin die Männer hassen. Man behauptet, sie verachte die körperliche und emotionale Sklaverei, die der Mann ihr aufzwingt. Angeblich bezeichnet sie ihn als *Feind*.

So oder so treibt sie sich nie an den Tatorten herum – in Küchen, in Kreißsälen oder vor Schulen. Sie weiß, dass ihre Weiblichkeit ein Schwindel ist, den andere sich aus reiner Bequemlichkeit ausgedacht haben, und dass eine Frau nicht geboren, sondern gemacht wird. Deswegen hält sie sich von Küchen und Entbindungsstationen fern wie eine Alkoholikerin von der Flasche. Manche Alkoholiker träumen von einem gemäßigten, sozialverträglichen Konsum, was aber nur daran liegt, dass sie noch nicht oft genug gescheitert sind. Eine Frau, die glaubt, sie könnte sich für die Weiblichkeit entscheiden und damit spielen, wie eine Gelegenheitstrinkerin mit dem Wein spielt, verlangt geradezu danach, vernichtet und verschlungen zu werden, ihr Leben in den Dienst eines neuen Schwindels zu stellen und sich eine falsche Identität zuzulegen, nur dass diesmal ihre Gleichberechtigung falsch ist. Entweder arbeitet sie doppelt so viel, oder sie opfert ihre Gleichberechtigung und leistet weniger, als sie sollte. Sie ist entweder zwei Frauen oder eine halbe. Und in jedem Fall muss sie behaupten, es gefalle ihr, denn sie hat es sich so ausgesucht.

Vermutlich sollte eine Feministin gar nicht erst heiraten. Sie sollte sich nicht auf ein gemeinsames Konto oder gemeinsamen Immobilienbesitz einlassen. Vielleicht sollte sie nicht einmal Kinder bekommen, schon gar keine Mädchen, die den Nachnamen des Vaters tragen und dem Mann an der Passkontrolle versichern müssen, dass die Frau, die mit ihnen ins Ausland reisen will, tatsächlich ihre Mutter ist. Nein, ich hätte mich niemals eine Feministin nennen sollen, denn was ich sagte, stimmte nicht mit dem überein, was ich war. Ich war wie meine Mutter, nur andersherum.

Was ich als Feminismus lebte, war in Wahrheit eine Ansammlung männlicher Werte, die meine Eltern und andere Menschen mir in bester Absicht vermacht hatten – das Crossdressingvorbild meines Vaters, die antifemininen Ideale meiner Mutter. Ich bin keine Feministin, sondern ein von Selbsthass erfüllter Transvestit.

* *

Wie viele Frauen, die ich kenne, wurde ich nie finanziell von einem Mann unterstützt. Diese Information ist anekdotisch – Frauen haben eine Schwäche dafür. Und in der Feministin ist der Hang zur Personifizierung womöglich noch deutlicher ausgeprägt, denn sie ist eine Autobiografin und eine Künstlerin des Selbst. Sie agiert als Schnittstelle zwischen dem Privaten und dem Öffentlichen, wie es Frauen von jeher tun, nur dass die Feministin in umgekehrter Richtung vorgeht. Sie beschwichtigt nicht, sie widerspricht. Sie ist die von innen nach außen gekrempelte Frau.

Wenn man nur lange genug lebt, wird alles Anekdotische zur Statistik. Zusammen mit der eigenen Kohorte taucht man aus dem Dschungel der mittleren Jahre auf. Man verfügt über eine gewisse Selbsterkenntnis, was Mut und Feigheit anbelangt, zählt flüchtig die Truppe durch, macht eine Bestandsaufnahme der eingebüßten Gliedmaßen. Ich kenne Frauen mit vier Kindern und Frauen, die keine Kinder haben, geschiedene Frauen, verheiratete Frauen, erfolgreiche und gescheiterte Frauen, zerknirschte, ehrgeizige und zufriedene Frauen, voller Sehnsucht oder voller Akzeptanz, selbstlos und frustriert. Viele von ihnen sind, es stimmt, finanziell nicht von einem Mann abhängig. Was lässt sich über jene sagen, die es sind? Die meisten sind Hausfrau und Mutter. Sie leben vor allem durch ihre Kinder, wenigstens kommt es mir so vor. Das Kind durchdringt die Hausfrau und Mutter wie ein Farbstoff das Wasser; kein Teil von ihr bleibt uneingetrübt. Die Triumphe und Niederlagen des Kindes sind ihre eigenen. Die Schönheit des Kindes ist ihre eigene, ebenso seine Unzumutbarkeit. Und weil es ihre Aufgabe ist, mit dem Kind zurechtzukommen, geschieht ihr Zurechtkommen in der Welt über das Kind. Ihre Subjektivität hat mehrere Quellen, aber nur einen einzigen Auslass. Das kann zu außerordentlicher Kompetenz führen; einige meiner Freundinnen behaupten, solche Frauen beängstigend oder einschüchternd zu finden. Die meisten dieser Freundinnen unterhalten aus einem einzigen Selbst heraus mehrere Identitäten und fürchten deshalb, man könnte ihnen äußerste Inkompetenz vorwerfen. Ihre Macht ist diffus; sie spüren sie nie an einem Punkt gebündelt und können folglich nicht einschätzen, wie groß sie ist oder ob sie mehr davon besitzen oder weniger als das Wesen mit dem seltsamen Namen »Hausfrau und Mutter« oder als ihre männlichen Kollegen bei der Arbeit, die das Gefühl der Zerrissenheit doch zumindest ansatzweise kennen müssten.

Einige meiner berufstätigen Mütterfreundinnen haben zeitweise zu Hause pausiert, für gewöhnlich in den ersten Jahren ihrer Elternschaft. Wie gesuchte Kriminelle haben sie sich nach langer Hetzjagd mit erhobenen Händen ergeben: Ja, es wird mir alles zu viel, es ist nicht zu machen; das ständige Hin und Her, die Schuldgefühle, der Druck bei der Arbeit und der Druck daheim; die Frage, warum man sich, wenn man sie nie sieht, überhaupt die Mühe gemacht hat, Kinder zu bekommen. Also beschließen sie, ein oder zwei Jahre lang zu Hause zu bleiben und für einen Ausgleich zu sorgen, wie bei einem Backrezept, wo der Teig auf zwei Formen verteilt werden soll und in der einen immer mehr zu landen scheint als in der anderen. Die Ehemänner sind ebenfalls berufstätig, leben im selben Haushalt und sind die Väter der Kinder, erleben aber nicht dasselbe Maß an Konflikt. Manchmal sieht es sogar danach aus, als schafften sie es besser als die Frauen, Kinder und Beruf zu vereinbaren – unerträgliche männliche Überlegenheit!

Ein Mann begeht keinen besonderen Verrat an seinem Geschlecht, indem er ein guter Vater ist, und zu arbeiten gehört für einen guten Vater einfach dazu. Die berufstätige Mutter hingegen verleugnet ihre Rolle im Gründungsmythos der Zivilisation jeden Tag aufs Neue. Kein Wunder, dass sie in Bedrängnis ist, denn sie versucht, sich über ihre festverwurzelte Beziehung mit der Schwerkraft hinwegzusetzen. Irgendwo habe ich gelesen, jede Raumstation falle ganz langsam der Erde entgegen und alle paar Monate müsse eine Rakete gezündet werden, die sie zurück ins All schiebt. Auf vergleichbare Weise zerrt die Kraft des biologischen Konformismus an der Frau, pausenlos und unmerklich. Ihr Leben besteht aus ständigen Wiederholungen, und es erfordert jede Menge Energie, sie in der Umlaufbahn zu halten. Das kann jahrelang funktionieren, aber wenn die Rakete einmal ausbleibt, geht es abwärts mit ihr.

Die Hausfrau und Mutter beschreibt sich gern als Glückskind, das ist ihr Motto und ihr Spruch, sollte jemand – eine berufstätige Mutter beispielsweise – irgendwelche Fragen stellen. Es ist ja so ein Glück, dass James genug verdient und ich nicht arbeiten gehen muss, sagt sie, als hätte sie eine riesige Summe auf ein Pferd gesetzt und dann erfahren, dass sie auf den Sieger gewettet hat. Kein Mann käme auf die Idee zu sagen, er habe das große Glück, jeden Tag ins Büro gehen zu können. Trotzdem bezeichnet die Hausfrau und Mutter es als Privileg, traditionelle und absolut gewöhnliche Hausarbeiten erledigen zu »dürfen«. Ihre Aussagen sind natürlich rein abwehrend gemeint – keinesfalls möchte sie für faul oder unehrgeizig gehalten werden –, doch wie jede Abwehr enthält auch diese einen mühsam verhüllten Kern der Aggression. Trotzdem ist sie überglücklich, wenn ihre Tochter beim Mathe-Test als Beste abschneidet, in Cambridge zugelassen und Atomphysikerin wird. Wünscht sie ihrem Kind das seit Menschengedenken gleichbleibende Privileg eines daheim mit dem Nachwuchs verbrachten Lebens? Oder glaubt sie, es handele sich um ein Rätsel, das nur in der Zukunft gelöst werden kann, so wie die Wissenschaft eines Tages ein Mittel gegen den Krebs finden wird?

Ich erinnere mich, wie ich meine Kinder nach ihrer Geburt im Arm hielt, sie stillte, mit ihnen redete und mir eines neuen, fremden Aspekts meiner selbst bewusst wurde, der in mir war, doch anscheinend nicht von mir stammte. Es war, als hätte ich mir plötzlich die Fähigkeit angeeignet, Russisch zu sprechen; was ich leistete – diese Frauenarbeit –, besaß eine ganz eigene Form, aber ich hatte keine Ahnung, woher mein Wissen darüber kam. Irgendwie wollte ich dieses Wissen als angeboren für mich beanspruchen, was einer seltsamen Art von Unehrlichkeit oder Heuchelei gleichgekommen wäre. Doch wie könnte man heucheln, was man bereits ist? Ich fühlte mich wie von einem zweiten Ich bewohnt, von einem Zwilling, der sich einen typischen Zwillingsscherz daraus machte, auszusehen wie ich und gleichzeitig Dinge zu tun, die mir vollkommen fremd waren. Mein Zwilling war offenbar nicht bösartig; er nahm sich einfach nur gewisse Freiheiten heraus und bat um die zeitweilige Entbindung vom strengen Protokoll der Identität. Er wollte wie eine gewöhnliche Frau erscheinen, dabei ist Charakter nichts Gewöhnliches, sondern ganz und gar individuell. Um als Mutter aufzutreten, musste ich meinen von männlichen Werten genährten Charakter beurlauben. Dieselben Werte hatten auch meinen Lebensraum, meine Umgebung geprägt; eine Anpassung wäre nötig. Doch wer sollte sich anpassen? Anfangs muss mein Verhalten jenen, die mich gut kennen, befremdlich erschienen sein. Es war, als hätte ich mich einer Gehirnwäsche unterzogen oder einer Sekte angeschlossen. Ich war verschwunden und unter der bekannten Nummer nicht mehr zu erreichen. Und doch war die Sekte namens Mutterschaft kein Ort, an dem ich dauerhaft leben konnte. Er spiegelte mich in nichts wider; seine Literatur und seine Gepflogenheiten, seine Werte, seine Verhaltensnormen und seine Ästhetik waren nicht meine. Die Mutterschaft war auch gleichmacherisch; wie jede Sekte verlangte sie von ihren Mitgliedern die totale Aufgabe der eigenen Identität. So kam es, dass ich eine Zeitlang nirgendwo hingehörte. Als junge Mutter war ich obdachlos, ohne Halt, eine Streunerin. Ich gestand es mir nicht ein, aber in jenen Jahren empfand ich Mitleid für mich und meine Töchter, und die Entzauberung meines Kontakts zum Frausein ereilte mich wie eine Katastrophe. Wie im Fall des Adoptivkindes, das endlich seine leiblichen Eltern ausfindig macht und feststellen muss, dass sie lieblose Fremde sind, sagte meine Unfähigkeit, als Mutter heimisch zu werden, offenbar nichts über die Welt aus, sondern über mein eigenes Nichtgewolltsein. Als Frau war ich anscheinend außen vor.

Und so tat ich zweierlei: Ich besann mich auf meine alte, männlich geprägte Identität, und ich verpflichtete meinen Mann, sich um die Kinder zu kümmern. Sollte er doch jenen Zwillingspart der Weiblichkeit übernehmen. Da sie in mir offenbar nicht zur Ruhe kam, sollte er ihr einen Körper und eine Zuflucht bieten. In meiner

Vorstellung würden wir zusammenleben wie zwei Mischwesen, ein jeder von uns halb männlich und halb weiblich. Das war Gleichberechtigung, oder? Mein Mann gab seine Stelle als Anwalt auf und ich mein exklusives, primitives Mutterrecht auf die Kinder. So sahen sie aus, unsere Opfergaben für die neuen Götter, unter deren Schutz wir zukünftig zu leben hofften. Als ich zehn Jahre später an einer lärmenden Ausfallstraße im Londoner Norden in einer Kanzlei saß, erschien mir mein Maternalismus in der Tat primitiv, geradezu barbarisch. Die Kinder gehören zu mir – einer so rudimentären Satzbildung bediente ich mich normalerweise nicht. Und doch war das in der Kanzlei aus Glas und Chrom, wo mir eine zierliche Anwältin im eleganten schwarzen Kostüm gegenübersaß, der einzige Gedanke in meinem Kopf. Ich war dünn und ausgemergelt vor Sorgen, aber angesichts dieser Frau fühlte ich mich riesig und ungeschlacht, wie ein mütterlicher, von uraltem, hässlichem Gefühl überzogener Fels. Sie sagte mir, ich habe überhaupt keine Rechte. In Fällen wie diesem berufe sich das Gesetz allein auf die Gewohnheit, so ungewöhnlich sie auch sein mochte. Dann gab es anscheinend wohl doch keine primitive Wirklichkeit. Es gab also anscheinend doch keine Mutter und keinen Vater, sondern nur die Zivilisation. Die Anwältin sagte mir, ich sei verpflichtet, meinen Ehemann finanziell zu unterstützen, möglicherweise für immer. Aber er ist Anwalt, sagte ich, und ich bin nur Schriftstellerin. Er ist, wollte ich damit sagen, ein Mann, und ich bin nur eine Frau. Tief im Herzen der ehelichen Finsternis schlug der alte Voodoo weiter seine Trommel. Die Anwältin zog die gezupften Augenbrauen in die Höhe und schenkte mir ein knappes, bitteres Lächeln. Nun, sagte sie, dann wusste er genau, was er tut.

* *

Der Sommer kam. Dröhnende Tage gleißenden Sonnenscheins in meinem Wohnort an der Küste, das Geschrei der Möwen in der Morgendämmerung, eine glitzernde Erregung überall, das Wasser eine Fläche aus zerschmettertem Licht. Ich konnte nicht mehr schlafen. In meinem Bewusstsein sammelte sich das Treibholz meiner Träume an, scharfkantige Bruchstücke der Vergangenheit, die sich in der Unterströmung aneinander rieben. Wenn ich meine Töchter am Schultor abholte, kamen mir die anderen Frauen vor wie gemalt, wie aus großer Ferne betrachtete Menschen. Ich beobachtete sie von einem leergefegten Ozean aus, diese Landbewohnerinnen in ihren festen Strukturen. *Sie* hatten ihr Zuhause nicht zerstört. Warum hatte ich meins kaputtgemacht? Ich besuchte meine Schwester und saß in der Küche, während sie Wäsche faltete. Ich schaute zu, wie sie die T-Shirts und Hosen ihres Mannes zusammenlegte. Wie sie mit der Männerkleidung hantierte, war schockierend, geradeso, als täte sie etwas Verbotenes. Ihr Anrecht, diese verbotenen Stücke zu berühren, überforderte mich.

Du kennst die Gesetzeslage, sagte mein Mann am Telefon zu mir. Er bezog sich auf meine Verpflichtung, ihm Geld zu geben.

Ich weiß, was richtig ist, sagte ich.

Und du nennst dich Feministin, sagte er.

Was ich bräuchte, ist eine Ehefrau, scherzt die gestresste Feministin, und alle lachen. Der Witz ist, dass ihr Streben nach männlichen Werten sie an die Schwelle weiblicher Ausbeutung geführt hat. Wie ironisch. Verstehen Sie? Eine Feministin äußert sich verächtlich über die dumme, mitschuldige Hausfrau. Möglicherweise bestand ihre erste feministische Großtat in dem Versuch, ihre Mutter vom Hausfrauendasein zu befreien, und vielleicht hat sie dabei gemerkt, dass die Befreiung weder erwünscht noch nötig war. Dass meine Mutter ohne eigenes Einkommen, dienstbar und häuslich war, ärgerte mich zweifellos mehr als sie selbst, denn sie hatte sich nie darüber beschwert. Trotzdem musste ich mir als Erwachsene vorwerfen lassen, ich hätte exakt dieselben Strukturen reproduziert. Die unbezahlte Hausarbeit meines Mannes hatte ich ebenso gehasst wie die meiner Mutter, doch wie sie hatte er behauptet, mit seinem Los zufrieden zu sein. Warum hatte ich sie so gehasst? Weil sie für Abhängigkeit stand. Aber es steckte noch mehr dahinter, schließlich könnte man behaupten, dass Abhängigkeit eine Vereinbarung zwischen zwei Menschen ist. Mein Vater war auch von meiner Mutter abhängig; vom Büro aus hätte er nicht kochen oder die Kinder betreuen können. Meine Eltern waren zwei Hälften, die ein Ganzes ergaben. Was ist ein halber Mensch, moralisch betrachtet? Die beiden Hälften waren nicht identisch; meine Eltern schlossen sich gewissermaßen zu einem einzigen, unterteilten Menschen zusammen. Die Vaterhälfte unterschied sich stark von der Mutterhälfte, aber trotz ihrer jeweiligen Unterschiedlichkeit hätte eine allein nicht funktioniert. Folglich lag das Problem in der Differenz.

Meine Vorstellung von Halbierung ähnelte der eines Regenwurms: Wenn man ihn zerteilt, bleibt jede sich windende Hälfte ganz Regenwurm und macht allein weiter. Ich verdiente das Geld, erledigte meinen Teil des Kochens und Putzens, bezahlte den Babysitter und holte die Kinder, als sie größer waren, von der Schule ab. Mein Mann half. Das war und ist sein Ausdruck dafür: Er half mir. Ich war die unterteilte moderne Frau, die alles hat, und er half mir dabei. Doch ich wollte keine Hilfe, ich wollte Gleichberechtigung. Ehrlich gesagt begann das Hilfskonzept irgendwann mich zu ärgern. Warum konnten wir nicht gleich sein? Warum musste er sich nicht unterteilen? Und worin genau bestand die Hilfe, wenn ein Mann seine eigenen Kinder betreute oder eine Mahlzeit kochte, die er selbst essen würde? Hilfe ist, was ein braves Kind seiner Mutter anbietet. Ein hilfsbereiter Mensch ist jemand, der aus reiner Herzensgüte Aufgaben außerhalb seines Verantwortungsbereichs übernimmt. Hilfe ist gefährlich, weil sie jenseits der menschlichen Ökonomie geschieht; ihr einziger Lohn ist Dankbarkeit. Und pflegte ich nicht selbst einen bescheidenen Ton, wenn es um mein Einkommen ging? Fand ich mich selbst nicht schrecklich hilfsbereit, weil ich als Frau meine Familie ernährte?

Und so wirkten die Spannungen der alten Orthodoxie unter der umgestalteten Oberfläche der Dinge weiter. Im Grunde waren wir bloß ein Mann und eine Frau, die im Ringen um Gleichberechtigung die Kleidung getauscht hatten. Wir waren zwei Transvestiten, ein Crossdresserpaar – und warum auch nicht? Außer dass ich beides war, Mann und Frau, während mein Mann, der es nur gut meinte, das eine bleiben konnte. Einmal beichtete mir eine Freundin, sie bewundere unseren Lebensstil, sei dazu selbst aber nicht fähig. Sie nannte mir den Grund dafür: Sie könne ihren Mann, sollte er sich in eine Ehefrau verwandeln, nicht mehr respektieren. Ich fand das sehr interessant. Was genau bewunderte sie? Und wie konnte etwas, das Bewunderung erregte, mit dem Verlust von Respekt einhergehen?

Zuweilen machte mein Bewusstsein der eigenen Kompetenz mir Sorgen. Wie sollte ich an die Welt gebunden bleiben, wenn nicht durch Bedürfnisse? Ich schien niemanden mehr zu brauchen, denn ich schaffte es auch allein. Ich schaffte alles. Ich war beide Hälften auf einmal; hieß das, dass ich ein Ganzes war? In gewisser Hinsicht lebte ich auf dem Höhepunkt feministischer Möglichkeiten, doch anscheinend endete der Entwurf damit, »alles zu haben«. Diese vollmundige Formulierung mit ihrer Andeutung einer schamlosen Pracht war treffend. Eine berufstätige Mutter zu sein bedeutete, zwei Leben zu haben statt eins, es war die atemberaubende, geschichtlich einmalige Steigerung der weiblichen Erfahrung, und Leuten, die sich darüber beschwerten, alles zu haben sei gleichbedeutend damit, alles zu tun, hätte ich entgegnet: Ja, was sonst? Man kann nicht alles haben und nichts dafür tun. »Alles haben« erfordert, wie jede andere Form von Erfolg, harte Arbeit und eine Anverwandlung des heroischen Lebensmodus. Doch auf der Suche nach dem Heiligen Gral ist der Held immer allein, und sein Glaube an die eigene Einzigartigkeit ist vielleicht nur ein Deckmantel für seine fundamentale Einsamkeit.

Also war ich Mann und Frau in einem, bloß dass die Frau im Laufe der Zeit krank wurde, weil ihre Belohnung geringer ausfiel. Ich musste mich zurücknehmen und mich aus der Küche und von meinen Kindern fernhalten, nicht nur, um der Weiblichkeit meines Mannes Raum zu lassen, sondern um meine männlichen Ansprüche zu besänftigen. Der älteste Kniff aus der Trickkiste des Sexismus ist das weibliche Bedürfnis, Kontrolle über die Kinder auszuüben. Im sentimentalen Narzissmus der Mutterschaft erkannte ich eine Bedrohung jener Unvoreingenommenheit, die ich als Autorin so wertschätzte. Doch es war nicht Kontrolle über die Kinder, nach der ich mich sehnte. Es war etwas Subtileres – Prestige. Jenes Prestige, mit dem die Mutter dafür belohnt wird, dass sie ihren Nachwuchs erträgt. Bei uns ging dieses Prestige an meinen Mann. Ich hatte es ihm überlassen, oder er hatte es sich genommen – jedenfalls war es das, was er aus unserer Abmachung zog. Und die von mir erledigte Hausarbeit stand gewissermaßen im Dienst seines Prestiges, denn sie war untergeordnet, trivial und offen gestanden langweilig, geradeso, als arbeitete ich fleißig hinter den Kulissen, um einen glatten Ablauf des Spektakels auf der Bühne zu gewährleisten. Am Ende war ich wohl doch kein Mann – Männer schinden sich nicht. Aber eine Frau war ich auch nicht; ich fühlte mich hässlich, denn was ich erledigte – Schmutzwäsche, Umsatzsteuererklärung –, war das Gegenteil von schön. Da war nichts Schönes, worin ich mich gespiegelt hätte. Einmal verreisten mein Mann und ich für zwei Tage nach Paris, und ich war fest entschlossen, mir in einem französischen Salon die ungekämmten Haare schneiden zu lassen. War es nicht das, was eine Frau tun würde? Ich wollte fraulich gemacht werden, ich wollte, dass mir jemand meine verlorene Weiblichkeit zurückgab. Der Friseur hörte nicht auf zu kichern, während er mir die Haare abschnitt; an einem öden Nachmittag im Salon machte er sich einen Spaß daraus, einer müden zweifachen Mutter mit leerem Blick einen punkigen New-Wave-Haarschnitt zu verpassen. Danach lief ich durch die Straßen von Paris und beäugte mich sorgenvoll in den Schaufenstern. Hatte eine Verwandlung stattgefunden oder eine Entstellung? Ich wusste es nicht. Mein Mann wusste es auch nicht. Dass wir nicht einmal zu zweit auf die Wahrheit kamen, erschien mir furchtbar. Es war furchtbar, am helllichten Tag in dieser fremden Öffentlichkeit zu stehen und es nicht zu wissen.

* *

Manchmal weinen die Kinder in der Badewanne. Ich weiß nicht, ob es an ihrer Nacktheit liegt oder am warmen Wasser oder dem tröstlichen, vertrauten Ablauf – irgendetwas löst das Heftpflaster der Gefühle und offenbart die Verletzung darunter. Weil ich überzeugt bin, ihnen diese Verletzung zugefügt zu haben, fällt alle Schuld auf mich. Eine weitere Ausprägung des Heldentums, wenn Held und Schurke nicht mehr auseinanderzuhalten sind.

Ich habe sie verletzt und auf diese Weise gelernt, sie wahrhaft zu lieben. Oder vielmehr ließ ich sie zu, diese Liebe, und wie viel ich davon hatte. Ich legte sie offen. In verinnerlichter Form war sie ein Instrument zur Selbstfolter gewesen, aber draußen in der Welt war sie sichtbar und praktisch. Was ist eine liebende Mutter? Eine Frau, deren Eigeninteresse sich auf die Kinder verlagert hat. Das Leid ihrer Kinder schmerzt sie heftiger als ihr eigenes; sie ist Maria unter dem Kreuz. Beim Ostergottesdienst in der Kirche beeindruckten mich die Beschreibungen von Marias Gefühlszustand zutiefst. Sie, die Zeugin der körperlichen Qualen, fühlte sich, als durchbohrte ein Schwert ihr Herz. Dass ausgerechnet dieses Bild ihre Empfindungen zusammenfasste, fand ich interessant, wurde es ihr doch von der kalten, harten Außenwelt angetragen, von der physischen Ebene der Männer. Irgendwo im Übergang von der Frau zur Mutter wird das Aktive passiv und das Faktische zur Theorie, das Körperliche emotional und das Objektive subjektiv. Der Schlag wird abgefangen; wenn meine Kinder weinen, durchbohrt ein Schwert mein Herz, selbst wenn ich es war, die sie zum Weinen gebracht hat. Eine Zeitlang hebelt der Widerspruch mich aus. Ich habe Schwierigkeiten, die aus Eigeninteresse handelnde Person mit ihrer Nachfolgerin, der Mutter mit dem gebrochenen Herzen, in Einklang zu bringen. Anscheinend ist dies der fatale, finale Entwicklungsschritt zur unterteilten Frau, eine Art Persönlichkeitsstörung, wie Schizophrenie.

Der Winter kommt. Die Tage sind kurz und fahl, das zurückgezogene Meer liegt da wie bewusstlos. Leise werfen sich die kalten, silbrigen Wellen auf den Kiesstrand. Die langen, sternklaren Nächte bringen Frost, die überfrorenen Pfützen auf der Straße erinnern an kleine, zerschlagene Spiegel. Wir schlafen viele Stunden am Stück, Menschen gleich, die sich von einer Operation erholen. Der Schmerz ist schneidend, doch im Taumel der Genesung verschwindet er oftmals unbemerkt. Eines Tages ist er nicht mehr da und hat eine seltsame Leere in der Erinnerung hinterlassen, den Nachgeschmack eines rätselhaften Übergangs, als wäre der Mensch, der gelitten hat, nicht – nicht mehr ganz – identisch mit dem, der jetzt geheilt umherspaziert. Ein weiteres Unterabteil ist entstanden, ein Raum für Krimskrams, verirrte Erfahrungsfragmente und Fragen, auf die es nie eine Antwort gab.

Wir arrangieren die Möbel neu, um die Lücken zu kaschieren. Wir leben sparsam, nehmen einen Untermieter auf und schaffen uns ein Aquarium an. Die Fische ziehen ungeachtet des Wochentags zwischen den Wedeln ihre endlosen Runden. Die Kinder gehen zu ihrem Vater und kehren zurück. Statt zu weinen, beschweren sie sich jetzt lautstark über die Unannehmlichkeiten der neuen Regelung. Ihre Gesichter bekommen Farbe. Eine Freundin besucht uns und vergleicht das Lachen im Haus mit Vogelgezwitscher nach einer winterlichen Stille. Dabei ist der Winter noch lange nicht zu Ende. Beim Weihnachtsgottesdienst beobachte ich die anderen Familien aus Vater, Mutter und Kindern und sehe sie so deutlich, als würde ich draußen im Dunkeln stehen und in ein hell erleuchtetes Fenster blicken; ich sehe die Geschichte, in der sie ihre Rolle spielen, ihren Part, und ihre Kulisse ist die ganze Welt. Meine Kinder und ich kommen in dieser Geschichte nicht mehr vor. Wir gehören jetzt zur Welt in all ihrer riskanten Unordnung, ihrer Zerfaserung und Freiheit. Die Welt entwickelt sich ständig weiter, während die Familie versucht, dieselbe zu bleiben. Sie ist auf den neuesten Stand gebracht, renoviert und modernisiert, aber im Grunde unverändert. Ein Haus in einer Landschaft, genauso Zuflucht wie Gefängnis.

Wir, ein Trio, singen Weihnachtslieder. Ich habe diese Lieder gesungen, seit ich denken kann, Jahr für Jahr; zunächst als traditionsverliebtes Kind, wenn wir zu sechst in der Kirchenbank saßen, dann als junge Frau, die sich unbedingt eine Feministin nennen musste, und später als Ehefrau und Mutter, in deren Leben die unvereinbaren Prinzipien – die Tradition und das Radikale, die Geschichte und die Wahrheit – aus reiner Feindseligkeit heraus eine Art Krebs ausgebrütet hatten. Als ich die anderen Familien betrachte, spüre ich unser Stigma, unseren Prestigeverlust. Wir sind wie ein Wohnmobil, das zwischen den Häusern parkt, zeitweilig und auf der Durchreise. Ich erkenne, dass wir unseren Schutz und unsere Gewissheit teilweise verloren haben. Ich erkenne, dass ich eine Art von Prestige gegen eine andere getauscht habe, einen Wertekanon gegen einen anderen, einen Maßstab gegen einen anderen. Ich erkenne aber auch, dass wir offener und empfänglicher geworden sind, als wir es früher waren; dass wir, sollte die Welt sich als großzügiger und wundersamer Ort erweisen, ihre Wunder wahrnehmen werden.

Während ich sie durch imaginäre, hell erleuchtete Fenster beobachte, bemerke ich, dass die Leute zurückstarren. Die Frauen – Ehefrauen und Mütter – blicken nach draußen. Sie wirken halbwegs glücklich, zufrieden und tüchtig; geschmackvoll gekleidet und attraktiv stehen sie neben Mann und Kindern. Und doch schauen sie sich beim Singen verstohlen um. Es ist, als fehlte ihnen etwas, oder als wunderten sie sich. Ich kann mich so gut daran erinnern, wie es war, eine von ihnen zu sein. Gelegentlich streift mich ein Blick und es kommt zu einem kurzen Kontakt, und dann merke ich, dass sie mich gar nicht erkennen kann, diese Frau, die mir in die Augen sieht. Nicht, dass sie es nicht wollen oder versuchen würde, aber es ist zu hell da drinnen und hier draußen zu dunkel. Sie kann nicht hinausschauen, sie nimmt überhaupt nichts wahr.

Ziehen lassen

An dem Tag, als mein Mann seine Sachen aus unserem Haus holte, bekam ich Zahnschmerzen. Draußen regnete es, die Haustür stand den ganzen Vormittag offen. Nasse Windböen fegten herein, der halbdunkle Flur lag im grauen Tageslicht wie ein geplündertes Grab. Ich stand am Fuß der Treppe und legte mir die Hände auf den Mund wie eine Pantomimin, die Bestürzung zum Ausdruck bringen will.

Der Zahnarzt empfahl mir, den Zahn ziehen zu lassen. Auf der Röntgenaufnahme war zu erkennen, dass er nicht mehr zu retten sein würde. Theoretisch wäre es möglich, sagte der Zahnarzt, doch sprächen die Umstände in diesem speziellen Fall dagegen. Die Krümmung machte die Zahnwurzel unerreichbar für die langen, dünnen Instrumente, die den Nerv abtöten sollten. Die Instrumente kamen nicht um die Ecke, und wie das Röntgenbild zeigte, wuchsen die Zahnwurzeln ab einer bestimmten Tiefe im rechten Winkel zu sich selbst.

Wie war es dazu gekommen? Schwer zu sagen, meinte der Zahnarzt. Möglicherweise wurde er durch äußere Kräfte in eine bestimmte Richtung gedrängt, gleichzeitig schien sein Verhalten schicksalhaft zu sein, eine wesenhafte Reaktion auf vorgefundene Bedingungen. Ein Teil der Wurzel hatte einfach beschlossen, in diese Richtung zu wachsen. Der Anordnung der anderen Zähne konnte man die Schuld nicht geben, auch nicht den räumlichen Gegebenheiten des Kiefers oder der Beschaffenheit des Zahnfleisches. Nein, die Verantwortung für seine Verdammnis würde der Zahn schon selbst übernehmen müssen. Er war auf eine unabwendbare Weise missraten, denn er hatte sich außer Reichweite begeben. Eine geradere Wurzel, wie kaputt auch immer, hätte sich retten lassen. Oberflächlich betrachtet war der Zustand des Zahnes gar nicht so schlecht, doch Form ist Schicksal; Form, nicht Inhalt; dasjenige, was Gestalt angenommen und damit sein Schicksal besiegelt hat.

Während der Röntgenaufnahme traten der Zahnarzt und die Helferin einen Schritt zurück, wandten sich reflexhaft ab und kreuzten die Arme vor der Brust. Lautlos und auf weichen Sohlen nahmen sie eine synchrone Haltung des Selbstschutzes ein; in dem weißen Kittel standen sie da wie Ministranten bei einer blutigen Zeremonie. Der Zahnarzt, ein großer, breitschultriger Grieche, trug unter seinem Kittel ein bodenlanges, bunt gemustertes Gewand. Die blassen Helferinnen huschten als stumme Schemen an den Vitrinen im hinteren Teil des Raumes vorbei, dauerhaft zurückgesetzt wie Figuren im Hintergrund eines Gemäldes. Der Zahnarzt fragte mich, ob der Schmerz mehr oder weniger konstant sei oder ob es zwischendurch Phasen der Normalität gebe, in denen ich anderes tun und denken könne. Hatten wir bereits jenen krisenhaften Punkt erreicht, an dem das Leid unser Erleben bestimmt und unser einziges Bedürfnis und unser einziger Wunsch es ist, das Leiden zu beenden? Wie furchtbar, ein Ende herbeizusehnen, das Verschwinden von etwas; die Sehnsucht sollte auf das Leben zielen, auf

Anwesenheit, nicht Abwesenheit. Man solle sich davor hüten, zu lange in diesem umgekehrten Zustand zu verharren, sagte er, trotzdem dürfe ein Zahn erst dann gezogen werden, wenn es absolut unvermeidlich sei. Hatten wir also den Moment erreicht, in dem sich das Herausziehen nicht mehr abwenden ließ?

Ja, sagte ich, der Schmerz habe keine Unterbrechungen mehr. Lange Zeit hatte ich ihm noch entkommen können, nachts im Schlaf, doch nun hatte er mich aufgestöbert und mein Versteck zerstört wie ein Eindringling das Tor einer schlecht gesicherten Festung. Die Leichtigkeit, mit der es nachgegeben hatte, löste eine ganz eigene Krise aus; wie porös und dürftig die Normalität erschien, sobald der Schmerz über sie hereingebrochen war! Der Schmerz ist stark, riesig und unermüdlich, wogegen die »Normalität« – ich glaube, dieses Wort verwendete er –, wogegen die Normalität nichts anderes ist als eine heikle Balance, die das Leben beim Ausbleiben von Störungen erreicht. Sie ist das leere Verzeichnis der Ereignisse und ihres Danach; schrittweise fügt sie sich zusammen und repariert sich selbst, wie die Oberfläche eines Schwimmbeckens langsam wieder zu sich selbst wird, nachdem man einen Kiesel hineingeworfen hat. Die Normalität kann sich nichts widersetzen, aber sie kann praktisch alles überdauern. Der Schmerz hingegen zerstört, was immer er will. Der Schmerz ist eine einschlagende Bombe und die Normalität das Gras, das schließlich über den Krater wächst. Um dem Schmerz zu widerstehen, muss man so stark sein wie er und sich gleichsam in einen menschlichen Bunker verwandeln.

Der gezogene Zahn wird eine beträchtliche Lücke

– eine Art Krater – hinterlassen. Es handelt sich um einen Backenzahn, der mittig rechts im Unterkiefer sitzt, ein kräftiger Zahn von großer praktischer und persönlicher Bedeutung, dessen Verschwinden jedoch rein äußerlich verblüffend folgenlos bleiben wird. Selbstverständlich wird er nicht wieder nachwachsen. Der Welt des Mundes steht ein unumkehrbarer Verlust bevor. Sollte ich genug Mittel und Willenskraft aufbringen, könnte nach einer Weile eine Kopie eingepasst werden; bis dahin werden die anderen Zähne den Mangel kompensieren müssen. Möglicherweise bilden sich neue Methoden des Essens und Kauens heraus, um die betroffene Kieferpartie zu entlasten. Kurioserweise fehlt der gegenüberliegende Backenzahn auf der linken Seite. Es handelt sich also nicht um einen ersten solchen Verlust. Schon zuvor ist ein großer Zahn verfallen und aus diesem Mund entfernt worden, und ganz offensichtlich macht so eine Vorgeschichte die Sache nicht leichter. In diesem Licht erscheint die anstehende Trennung noch düsterer. Und auch die Schuldfrage, stets heikel dort, wo sich ein Zusammenbruch ereignet, ändert sich angesichts der neuen Beweislage. Es sieht doch schon sehr nach Unachtsamkeit aus, um Oscar Wilde zu zitieren. Denn ein anständig gepflegter Zahn sollte ein Leben lang halten.

Der Himmel im Fenster des Behandlungszimmers ist strahlend blau. Auf den Regen folgte ein Schwall forscher Frühlingssonne, so ungewöhnlich warm, wie der Vortag unnatürlich kalt und dunkel war. Die Zahnarztpraxis ist heimelig und hell, das Sonnenlicht funkelt auf den stählernen Instrumenten. Alles macht einen leicht hinfälligen Eindruck; die Straße mit ihrem architektonischen Wirrwarr und das schmale Gebäude mit den schiefen Winkeln und abschüssigen Böden, den von beuliger, cremeweißer Tapete bedeckten Rigipswänden, den abgehängten Decken und dem dünnen Linoleumbelag mit Birkenmuster, der sich über die unebenen Holzdielen zieht. Im Eingangsbereich steht ein kleines Aquarium mit neongrünen Plastikfarnen und Kiesbett, auf dem ein blubberndes Piratenschiffswrack liegt. An den Wänden hängen Poster: Innenansichten verfaulter Münder, entzündetes Zahnfleisch, die schwarzen Stümpfe verrotteter Zähne. Der Zahnarzt stolziert in seiner gemusterten Robe durch die improvisierten Räume und wirkt dabei ebenso fröhlich und würdevoll, wie seine Besucher nachdenklich und mutlos scheinen. Seine Zähne sind groß, weiß und gerade, weshalb er sein Lächeln nicht unterdrücken kann. Es lauert an der Oberfläche und taucht immer wieder auf, wie ein im Wasser dümpelnder Gegenstand; dieses Lächeln lässt sich nicht versenken. Es sieht beinahe künstlich aus. Schwer zu sagen, ob es für ein glückliches Los – also den Zufall – steht oder für Fleiß und harte Arbeit. Der Mann ist offenbar zufrieden, aber war er das immer schon? Sein Praxiskollege hat Zähne so grau und engstehend wie Grabsteine auf einem überfüllten Friedhof, seine Miene ist verständig und besonnen und sein schäbiger Kittel zerknittert. Der äußere Anschein legt nahe, dass der eine Mann Erfahrungen mit dem Scheitern gesammelt hat und der andere nicht. Aber woran will man das festmachen? Und was wäre besser: jemandem ausgeliefert zu sein, der den Schmerz kennt, oder jemandem, der ihm bislang aus dem Weg gehen konnte?

Der Zahnarzt kramt im Besteck auf dem Tablett, die Helferinnen nähern sich. Er, eine dunkle Gestalt vor dem hellen Fenster, beugt sich herunter. Im sonnendurchfluteten Raum ist es still, und plötzlich entsteht eine aurale Durchlässigkeit, hinter der ein Geräuschteppich zum Vorschein kommt, so fein gewirkt wie ein durch klares Wasser betrachteter Meeresgrund: das Brummen vorbeifahrender Autos, Hundegebell, heisere Möwenschreie, Gesprächsfetzen von unten auf dem Bürgersteig, Musik, die irgendwo spielt, Telefonklingeln, das Klappern von Töpfen und Pfannen in einer fernen Restaurantküche, Babygeheul, leises Hämmern wie von einer Baustelle, Schritte und das Atmen der Menschen, und alles ist unterlegt von einer Art Wummern, dem Herzschlag und der Hydraulik des Tages. Der Zahnarzt hält eine Zange in der Hand. Ihre unmissverständliche Faktizität durchdringt den unfühlbaren Schleier aus Geräuschen. Er schwingt sie, kommt näher und dringt in den Mund ein. Die Zangenarme legen sich in einem grimmigen, metallischen Griff um den Zahn. Bis auf diesen letzten wurde jeder Schritt des Prozesses durchlaufen. Zuerst war da der lange Verfall selbst, der sich Tag für Tag in der Dunkelheit der Wurzel zusammenbraute; dann die Geburt des Schmerzes, eines Samens, der aufkeimte, sich verzweigte und das Bewusstsein suchte, wie eine Pflanze das Licht sucht und es dadurch auslöscht; später die Verhandlungen, wenn das Bewusstsein mit dem Schmerz debattiert und versucht, ihn zu beruhigen und zu besänftigen, ihn zu kontrollieren und einzudämmen, ihn zu betäuben und mit ihm zu leben; zuletzt dann Krise, Entschluss, erste Maßnahmen und die Festlegung von Datum und Uhrzeit, an denen die Extraktion stattfinden und die Situation beendet werden soll. Doch der Kontakt von Stahl und menschlichem Fleisch erzeugt eine ganz eigene Wirklichkeit. Es geschieht: Dinge werden geändert, weil sie sich selbst nicht ändern konnten.

Der Zahnarzt schraubt und hebelt im weichen Gewebe. Sein Eingreifen scheint an den Tod gebunden, doch es gehört zum Leben; es hat den Zweck, die Leidende von der Ursache ihres Leids zu befreien. Sein Zweck ist es, zu trennen, was sich nicht auf natürliche Weise trennen will. Aber es ist kalt und hart, unsensibel und brutal. Das nennt man Gewalt. Die Menschen versuchen seit jeher, Alternativen zu entwickeln, doch diese funktionieren nur selten.

Der Zahnarzt spricht.

»Ich muss mehr Kraft anwenden«, sagt er.

Die Helferin reicht ihm einen Meißel. Er setzt ihn auf die Kieferkante und schiebt die abgeflachte Spitze zwischen Zahn und Zahnfleisch. Er drückt den Meißel nach unten und strengt sich so sehr an, dass sein Lächeln zur Grimasse wird. Er steht auf, um die Hebelwirkung zu verstärken. Er benutzt beide Hände, stellt sich auf Zehenspitzen und stemmt sich auf zitternde Arme. Der Zahn leistet hartnäckigen Widerstand, und als er zuletzt doch nachgibt, geschieht es so schnell, dass der Meißel seine Kraft aufwärts entlädt und gegen den Oberkiefer schlägt. Sie empfangen den Stoß, diese unschuldigen Zähne, sie schaukeln in ihren Liegeplätzen und wackeln, bleiben aber, wo sie sind. Der Zahnarzt hält den blutigen Zahn mit zitternden Fingern. Er strahlt wieder, wenn auch weniger intensiv. Leicht betroffen zieht er die Augenbrauen zusammen. Gewalt ist ja so unhandlich, so schwer zu kontrollieren. Es ist zu einem Kollateralschaden gekommen, das feine Netz des Lebens wurde zerrissen. Der Zahnarzt hat unnötige Schmerzen und einen Schaden an den anderen Zähnen verursacht. Er fühlt sich schlecht. Er wundert sich.

»Ich hätte nicht gedacht, dass er auf diese Weise herauskommen würde«, sagt er. »Es tut mir leid.«

»Machen Sie sich keine Gedanken«, sage ich mit Mühe. »Das wird schon wieder.«

»Ich werde die Wunde verschließen«, sagt er. »Sie müssen die Tamponade alle zwei Stunden wechseln. Die Blutung sollte bis morgen aufhören, aber Sie werden eine ganze Weile nicht normal essen können. Bitte nur weiche Speisen. Und Kälte wird Ihnen guttun.« Er lächelt und ist wieder zufrieden. »Am besten gönnen Sie sich ein großes Eis, sobald Sie wieder daheim sind.«

* *

Daheim: Als Kind habe ich das Haus meiner Großmutter geliebt, eine edwardianische Villenhälfte in einem Vorort von Hertfordshire. Die Fenster hatten Stabkreuze, auf den Bänken darunter standen Schäferinnen aus Porzellan und King Charles Spaniels mit Mähnen wie emaillierte Wasserfälle. In der nach Gas duftenden Küche servierte meine Großmutter mir Sheperd's Pie mit gefrorenen Erbsen. Ich wurde in einem kleinen Zimmer im Obergeschoss zu Bett gebracht, dessen Fenster auf einen rechteckigen Vorgarten mit rotem Backsteinpfad und Törchen hinausgingen. Unter einer verblichenen rosa Tagesdecke aus Dochtgarn und dicken, steifen Laken erlag ich der Wirkung der Eindrücke, Gerüche und Texturen, die, obwohl sie selbst nicht menschlich waren, Menschlichkeit zu definieren schienen. Wenn ich die Porzellanfiguren im Wohnzimmer meiner Großmutter berührte und durchs Fenster schaute, hinter dem sich ein langes, abschüssiges Rasenstück bis an einen Bahndamm zog, fühlte ich mich sichtbar. Der Geruch des Zimmers, wo sie und mein Großvater in einem breiten Mahagonibett schliefen, der kalten, beengten Toilette und der kleinen Vorratskammer, in der sie die Zutaten für ihre einfache englische Küche aufbewahrte, war so deutlich, dass er auch mich deutlich hervortreten ließ, so wie im Garten das dunkle Laub der mehrjährigen Sträucher die filigranen, in die Zwischenräume gespannten Spinnweben erkennbar machte. Meine Mutter war in diesem Haus aufgewachsen; ihre amniotische Atmosphäre, die in meinem Bewusstsein so unauslöschlich war, erfüllte die fruchtbaren Räume.

Als Jugendliche habe ich meine Großmutter einmal allein besucht. Ich aß in der Küche mit dem Linoleumboden, saß zwischen den Porzellanfiguren im Wohnzimmer und schlief unter der Tagesdecke aus Dochtgarn in dem kleinen Zimmer, das mir plötzlich geschrumpft oder seltsam komprimiert erschien, weil seine und meine Wirklichkeit nicht mehr ineinander verwoben waren. Obwohl ich es angestrengt versuchte, konnte ich mich nicht mehr wie das Kind fühlen, das ich früher gewesen war. Während jener Stunden löste die Verschmelzung von Menschlichem und Nichtmenschlichem sich auf, denn mir wurde klar, dass die menschliche Geschichte, die diese Räume erzählten, niemals wiederbelebt und erneut in die Welt gesetzt werden konnte. Ein paar Jahre später wurde das Haus verkauft; andere Leute leben jetzt dort. In dem kleinen, gedrungenen Cottage, das meine Großmutter bezog, sind einige der alten Objekte immer noch ausgestellt und ein Hauch des vertrauten Geruchs ist geblieben; doch wie Fußabdrücke im Sand, die die Flut wegspült, werden die Eindrücke nach und nach getilgt.

In einem Zimmer im Obergeschoss meines Hauses steht eine Kiste mit Urkunden, anhand derer sich alle Eigentümerwechsel bis zur Grundsteinlegung im Jahr 1832 zurückverfolgen lassen. Ein Kapitän hatte das Land – eine von mehreren Parzellen an einem grünen, zum Meer hin abfallenden Hang, auf denen später eine Häuserzeile im Regency-Stil entstehen würde – einem Bauern abgekauft. Ursprünglich war es als Weideland für Vieh ausgewiesen. Am Fuß des Hügels schiebt sich der Kiesstrand ins Wasser und bildet eine geradlinige, schlichte Küste. Oft scheint der große Ozean davor zu warten, als fehlten ihm die Mittel zum Austausch mit dem Land, das ihn begrenzt. Fünfzig oder sechzig Meilen weiter, in Dorset, erscheint die Beziehung der beiden wesentlich dramatischer und dramatisierter. Dort wird der Kalkstein durch das beharrliche Wasser bedrängt und in außergewöhnliche Formen gebracht. Das Meer, halb Liebhaber und halb Raubtier, liebkost und belästigt den harten Gefährten pausenlos, und seine Zuwendung hat am widerspenstigen Fels ihre Spuren hinterlassen; schwer zu beurteilen, ob er nachgegeben hat oder vergewaltigt wurde. Seine Schönheit und seine Missbildungen bestimmen sein Schicksal, sie sind eine Schnittstelle, die hier an der flachen Küste mit der friedlichen, nüchternen Geologie zu fehlen scheint. Hier hat das weite, leere Meer keine andere Wahl, als zu reflektieren, ganz so, als würde es nicht leben, sondern träumen; an einem Tag ist es absolut reglos, ein schimmerndes, bewusstloses Schild aus Licht, am anderen aufgewühlt, brodelnd und wild um sich schlagend, denn da ist nichts Greifbares und Wirkliches, worauf es sich stürzen könnte. Hier gibt es nichts zu zerstören oder zu gestalten. Am Morgen nach einem Sturm ist der Strand häufig von einer großen Zahl identischer Objekte übersät, als hätten sie allein diesen Aufruhr des Unbewussten ausgelöst – Hunderte von toten Seesternen beispielsweise oder gesagte Kiefernbretter, so weit das Auge reicht. Dieser gelegentliche Auswurf, unnatürlich und fremd, scheint das Symptom eines gewissen Unbehagens zu sein, einer Krankheit, die ich Frustration nennen würde. Ich denke an das Vieh, das früher neben dem komatösen Meer äste wie benommen, an das Land, über das Wellen aus Schatten und Licht hinweggehen und breite, feine Regenschleier, an den Sturm, der ungebremst über die offene Ebene fegt. Bei Dunkelheit, in finsteren Nächten voller Wind und Regen, wirft das unruhige Meer sich hin und her, die Tropfen stürzen sich vom Himmel, der Wind jagt an den kahlen Hängen empor und verschwindet zwischen den schwarzen Hügeln der Downs, und nirgends eine Zuflucht, keine Haustür, um die Nacht auszusperren.

Im Obergeschoss gibt es ein großes Zimmer mit bodentiefen Fenstern, wo zwei rätselhafte, riesige, reich verzierte und vergoldete Haken aus der hohen Decke ragen. Eines Tages verließ ich das Haus und bemerkte eine alte

Frau, die draußen auf dem Gehweg stand und zu den Fenstern ebenjenes Zimmers aufsah. Sie erzählte mir, sie habe als junger Mensch in der Straße gewohnt und manchmal an genau dieser Stelle gestanden, um dem Gesang aus den Fenstern zu lauschen. Sie hörte der Dame zu, die das Haus damals besaß, einer Opernsängerin. Die Sängerin lebte mit einem Mann zusammen, der ein Saiteninstrument spielte, Laute oder Gitarre, vielleicht auch Mandoline. Sie war es, die die Haken in die Decke geschraubt hatte; sie befestigte eine Hängematte daran, setzte sich ans eine Ende und sang, und ihr Mann saß am anderen und begleitete sie, während sie gemeinsam in der Brise schaukelten, die durch die geöffneten Fenster hereinwehte. Das Bild durchbohrte mich fast wie ein Schmerz, denn das Zimmer war jetzt meins. Ich hatte oft darin gelegen, die Haken unter der Decke betrachtet und etwas Rätselhaftes in ihnen gesehen, das ich allerdings nicht benennen konnte. Ihre goldene Extravaganz und ihre vermeintliche Nutzlosigkeit fand ich ebenso quälend wie vorwurfsvoll, denn obwohl ich nicht wusste, wofür sie waren, wusste ich, dass eine Kraft sie dort oben angebracht hatte, die ich wiedererkannte und gleichzeitig verleugnete. Diese mysteriösen Objekte, diese dämonischen, opulenten Haken verliehen dem Schrecken und der Schönheit jener Kraft Ausdruck; ich war überzeugt, dass sie alles andere als eine harmlose Verzierung waren. Einige meiner Besucher reagierten auf den Anblick ebenso beunruhigt wie ich, geradeso, als wären die Haken goldene Klauen einer erbosten Gottheit, die zu besänftigen wir versäumt hatten. Und nun hatten sie sich in mein Zimmer gekrallt, diese Klauen, um mich an etwas zu erinnern, das ich offenbar nicht wusste oder vergessen hatte, etwas, das mit dem Glück zu tun hatte und mit der Macht des Unbekannten, die das Bekannte zerstört. Wozu sind sie gut?, fragten die Leute mit verwundertem Blick. Und ich antwortete jedes Mal, ich wisse es nicht.

* *

Übrigens gibt es unweit unseres Zuhauses eine andere Zahnarztpraxis, die viel bequemer zu erreichen wäre. Die Zahnärztin dort wirkt glamourös. Mit ihrem blonden, leicht gewellten Haar, der schlanken Taille und dem großen Busen erinnert sie an einen Filmstar aus den fünfziger Jahren. Manchmal höre ich das schnelle Klackern ihrer hohen Absätze und sehe, wie sie auf schlanken Waden die Treppe zu ihrem rußgeschwärzten Haus hinaufeilt. Sie trägt stets enge, maßgeschneiderte Kostüme in schönen Farben – Altrosa und Magenta, Scharlachrot und Pistaziengrün. Wenn ich ihr auf der Straße begegne, macht sie immer einen leicht besorgten Eindruck. Wie bei einem Filmstar auf dem spannenden Höhepunkt des Melodramas scheint eine dunkle Vorahnung ihre Rosenknospenzüge zu umspielen. Wird sich das Rätsel lösen lassen? Wird das Unmögliche möglich? Wird unsere Heldin am Ende siegen? Morgens ist die Straße voller Unrat, die Gehwege sind bedeckt mit Abfall, den die maritimen Winde herangetragen haben, mit zerbrochenen Flaschen und verdorbenen Lebensmitteln, die die Möwen aus den für die Müllabfuhr nach draußen gestellten Säcken zerren. Wenn die Zahnärztin mit hochgeschlagenem Mantelkragen hindurchstakst, erinnert sie an ein tragisches Starlet in einer Pariser Seitenstraße.

Einmal war ich in ihrer Praxis. Ich vereinbarte einen Termin und stieg dann mit meinen Töchtern die schmale Treppe in den ersten Stock hinauf. Wir waren auf der Suche nach einem neuen Zahnarzt, und obwohl es den Eindruck machte, als wäre unser Besuch vom Schicksal vorherbestimmt, hatte ich die aparte Zahnärztin um ihrer selbst willen und aus einer heimlichen Eitelkeit heraus gewählt, denn wie die goldenen Haken in meiner Schlafzimmerdecke vertrat sie meinen eigenen, vernachlässigten Sinn für Glamour; sie war eine weitere Manifestation der Gottheit, die sich so darüber empörte, verleugnet zu werden. Die Praxis selbst wirkte dunkel und schummrig, obwohl draußen helllichter Nachmittag war. Eine einzige Glühbirne beleuchtete den düsteren Eingangsbereich, im Wartezimmer waren die Jalousien heruntergelassen. Meine Töchter und ich standen am unbesetzten Empfangstresen. Wir warteten fünf Minuten, zehn Minuten. Irgendwann sprach ich eine vorbeihuschende Helferin an, die uns sagte, wir sollten uns ins Wartezimmer setzen. Aus einem Behandlungsraum waren Stimmen und schnelle Schritte zu hören. Etwas ging dort vor sich; die gedämpften Stimmen und der leere Tresen erzeugten eine gewisse Dramatik, die dunkle Ahnung eines Notfalls. Ein Bohrer sirrte, und dann hoben die leisen, eindringlichen Stimmen erneut an.

»Ist er wieder da?«, fragte jemand.

»Er wacht nicht auf.« Das war die Stimme der Zahnärztin. »Versuchen Sie es noch einmal.«

Ich trat in den Flur hinaus. Die Tür des Raumes, aus dem die Stimmen kamen, war nur angelehnt. Ich konnte den Rücken der Zahnärztin erkennen; heute trug sie ausnahmsweise eine Hose, dazu eine rote, in der Taille gegürtete Seidenbluse und schwindelerregend hohe Absätze. Das blonde Haar floss ihr in Serpentinenwellen über die Schultern. Sie lehnte sich über den reglosen Körper eines Mannes, der im Behandlungsstuhl lag. Es war noch eine zweite Frau anwesend, vermutlich eine Helferin. Durch den Türspalt sah ich, wie die beiden Frauen sich über den Mann beugten. Sie stupsten ihn an und schüttelten ihn. Sie riefen ihm ins Ohr. Er lag da wie ein kaputtes Spielzeug, das sie im Streit zerbrochen hatten; fast schien es, als hätten sie im Rausch der Macht, die sie über ihn ausübten, ganz kurz seine Fehlbarkeit vergessen. Ich ging zurück ins Wartezimmer, wo meine Töchter saßen. Sie wirkten verunsichert. Draußen am Ende des Flurs fing der Mann zu stöhnen an; sein langgezogenes, furchtbares Wehklagen erfüllte das schummrige Halbdunkel des Wartezimmers.

»Ich finde, wir sollten jetzt gehen«, sagte ich. »Ich finde, wir sollten ein andermal wiederkommen.«

Meine Töchter sahen noch verunsicherter aus.

»Warum?«, fragten sie.

Diese Reaktion überraschte mich. Merkten sie denn nicht, dass hier etwas nicht stimmte? Der Mann am Ende des Flurs stöhnte und jammerte. Sah so die von Frauen regierte Welt aus? Eine Frau, dachte ich bei mir, sollte mehr sein als nur eine Darstellerin. Die ängstlichen Gesichter meiner Kinder, das Ächzen des Mannes, der leere Tresen, der düstere Wartebereich – ich spürte die Präsenz des Scheiterns. Ich hatte den Termin vereinbart und die Kinder hergebracht, und nun sagte ich ihnen, wir müssten gehen.

»Wahrscheinlich nur ein Missverständnis«, sagte ich. »Ich war mir ganz sicher, dass der Termin heute war, aber offenbar haben sie ihn nirgendwo notiert.«

»Oh«, sagten die Kinder.

»Vielleicht sollten wir uns eine andere Zahnärztin suchen«, sagte ich. »Diese hier scheint nicht besonders organisiert zu sein.«

Die Kinder sahen mich argwöhnisch an, schließlich hatte ich ihnen die Praxis angepriesen, weil sie ganz in der Nähe lag. Was war hier los? Draußen im halbdunklen Flur liefen wir der Zahnärztin in die Arme. Ihre Wangen waren gerötet, sie wirkte gehetzt. Sie trug ihren Mantel und hatte sich den Kragen hochgeschlagen. In dem Behandlungsraum am Ende des Flurs lag der Mann immer noch auf dem Stuhl und stöhnte furchtbar. In einem anderen Türrahmen tauchte die Helferin auf.

»Wie geht es ihm?«, fragte sie.

»Er wird es überleben«, sagte die Zahnärztin schroff. »Er fühlt sich nicht gut. Es ist nichts. Ich gehe kurz raus und kaufe ihm eine Cola.«

Sie zwängte sich an uns vorbei, und als sie sich den Kragen zuknöpfte, blitzten ihre rot lackierten Fingernägel auf. Ich roch ihr Parfüm und hörte das Klirren der Münzen in ihrer Tasche. Mit klackernden Schritten eilte sie die Treppe hinunter.

Paare

Überall sind die Menschen verpaart. Am Ende meiner Straße begegne ich einem Mann und einer Frau, die zwischen den vorbeilaufenden Passanten stehen und sich küssen. Ich begegne einem übermäßig tätowierten Paar, das Seite an Seite einen Laden verlässt, die Arme voller Einkäufe und hinter sich die Kinder in einer Entenkükenreihe. Ich begegne einem Mann und einer Frau mit Down-Syndrom, die Händchen halten. Anscheinend ist zu lieben ganz einfach.

Das Wetter ist gut für die Jahreszeit. Morgens fällt das Licht zu den Fenstern herein und erhellt unsere halbleeren Zimmer wie Sonnenschein eine Ruine. Die unvermittelte Wärme lässt die Balken knarren; es klingt nach Schritten im Haus. Das unheimliche Geräusch wandert die Treppe auf und ab und durch das Zimmer über mir, als träte dort jemand ans Fenster, um einen Blick hinaus zu werfen. Das Wasser murmelt in den Rohren, im Keller springt in regelmäßigen Abständen der Boiler an und knurrt und faucht cholerisch. Eines Tages verstummt er endgültig. Der Geschirrspüler geht kaputt, die Abflüsse verstopfen, Türklinken und Schrankgriffe lösen sich unerwartet und bleiben in der Hand liegen. Irgendwo tropft Wasser, an der Küchenwand breitet sich ein dunkler Fleck aus, der Putz schlägt Pusteln und schält sich ab wie kranke Haut. Die Hamster der Kinder huschen durch getrennte Käfige und merken nichts von alldem. Sie können nicht zusammenleben, weil sie als Spezies zu jähzornig sind; sie haben sich selbst zur Einsamkeit verurteilt und sind in eine Routine aus Schlafen, Nagen und Graben vertieft. Manchmal klettern sie am Seitengitter des Käfigs hoch und schauen sich mit neugierigen Knopfaugen um, als müsste jetzt, da sie sich selbst aus der Versunkenheit geholt haben, endlich etwas passieren. In gewisser Weise sind sie zu naiv, denn niemand nimmt ihre veränderten Zustände wahr. Nachts erfüllt das hohe Sirren der beiden Laufräder das dunkle, stille Haus.

Ein Mann kommt, um sich das Gästezimmer anzusehen. Er ist blass und flachsblond, hat kleine, fast farblose Augen und spitze Vielfraßzähne. Er besitzt ein winziges, verbeultes Auto, das draußen auf der Straße geparkt steht. Ab und zu geht er zum Wohnzimmerfenster, um nach Politessen Ausschau zu halten. Das Zimmer wurde in der Lokalzeitung zur Miete angeboten und das Telefon hat pausenlos geklingelt, eine Woche lang. Sobald ich den Hörer auflege, läutet es schon wieder. Ich gehe aus dem Haus und kehre zurück, das Band des Anrufbeantworters ist voll und das rote Lämpchen blinkt. Es rufen fast nur Männer an, Männer von überall und nirgendwo, Männer aller Art: junge Männer und alte, ausländische und einheimische, schroffe und redselige, beflissene und gleichgültige. Sie alle scheinen ungebunden und allein, umkreisen kurzzeitig den Fixpunkt meines Hauses und werden dabei in unüberbrückbarer Entfernung gehalten wie karge Planeten, die in der Dunkelheit des Alls einen Stern umkreisen. Gelegentlich gibt es Störungen in der Leitung, ein Knistern und ein Brausen wie auf einem windigen Berggipfel. Ich rufe wegen des Zimmers an. Ich rufe an, um nach dem Zimmer zu fragen. Ein oder zwei Mal meldet sich eine Frau. Sie sucht ein Zuhause für sich und ihren Freund. Sie ist Teil eines Paares – habe ich ein Problem damit? Ihr Freund arbeitet in einer Bar, im Casino, in dem Club unten an der Marina. Ihr Freund arbeitet nachts, tagsüber schläft er. Sie selbst möchte einen Kurs belegen, in Aromatherapie, Ernährung, Fremdsprachen; sie spielt mit dem Gedanken, sich an der Universität zu bewerben; sie ist sich nicht ganz sicher. Sie und ihr Freund sind sehr entspannte Leute. Sie sind sehr entspannt. Sie mögen entspannte, relaxte Menschen, Menschen ohne Sorgen. Sie lassen sich ungern stressen. Habe ich ein Problem damit? Es tut mir leid, sage ich, ich wohne hier mit meinen Kindern. Es ist ihr Zuhause. Es tut mir leid.

Dann eines Nachmittags ruft ein Mann an. Er klingt so nervös und konzentriert wie jemand, der etwas verloren hat und es jeden Moment wiederzufinden hofft. Seine Stimme suggeriert weder Bedürftigkeit noch Übereifer. Er war der Mann, der jetzt in meinem Haus steht und nervös und konzentriert nach seinem Auto schaut. Sein Name ist Rupert. Drei Jahre lang hat er mit seiner Freundin am anderen Ende der Stadt zusammengelebt, doch nun ist die Beziehung zu Ende und er braucht ein Zimmer für den Übergang, bis er etwas Eigenes gefunden hat. Er arbeitet für ein örtliches Energieversorgungsunternehmen und macht viele Überstunden; er braucht einen Ort, wo er schlafen, seine Anzüge aufhängen und seinen – vermutlich ziemlich großen – Fernseher unterbringen kann. Während er spricht, sind seine kleinen, blassen Augen fest auf mich gerichtet, doch sobald ich antworte, schlägt er sie schüchtern nieder und blickt zur Seite. Mit dem dünnen, fast weißen Haar und den gesenkten Lidern sieht er entweder unschuldig oder schuldig aus. Ich kann es nicht sagen.

Die Uhren wurden vorgestellt, die Abende sind lang und leer wie ein Blatt Papier. Die Leute bleiben länger draußen, sie rufen und johlen, aus geöffneten Fenstern dringt Musik, Autos wummern im Leerlauf oder kurven hupend durch die Dämmerung. Nebenan ist ein neuer Nachbar eingezogen, der seine Stereoanlage direkt an meiner Schlafzimmerwand aufgebaut hat. Die ganze Nacht lang sondieren und foltern die elektronischen Impulse den Raum zwischen uns. Ich gehe durch das dunkle Haus und rüttle an den Griffen von Türen und Fenstern, weil es sich anfühlt, als könnte die Außenwelt hereinkommen oder als wäre eine Verteidigungsmauer gefallen. Es fühlt sich an, als wären die Türen und Fenster gar nicht da. Unser Haushalt ist weiblich, aber ich frage mich, ob unsere Verwundbarkeit nur erfunden wurde, damit Männer sich tapfer fühlen können. Wenn es Krieg gibt, ziehen die Männer los und lassen ihre Frauen und Kinder allein, und nach ihrer Rückkehr müssen sie möglicherweise feststellen, dass sie sich entbehrlich gemacht haben, wie Agamemnon, der aus Troja nach Argos zurückkehrt. Ich frage mich, ob wir uns mit Rupert im Haus sicherer fühlen werden oder schutzloser. Es gibt da einen Raum, eine Leerstelle wie einen Fußabdruck im Sand oder einen Gipsabguss, eine maskuline Lücke, und sie hat die Form meines Mannes. Halbherzig versuche ich, Rupert dort einzupassen. Ich stelle mir vor, wie er

Abflüsse und Türklinken repariert und einen prüfenden Blick in die Geschirrspülmaschine wirft. Der Mann ist Beschützer oder Raubtier, ich weiß nicht mehr genau, welches von beidem.

Rupert ist sehr gewissenhaft, was Papiere, Anzahlung und Referenzen angeht. Er bringt ein Bügeleisen, ein paar humorvolle Poster und seine Anzüge mit. Und seinen Fernseher, der auf einem Sockel in seinem Zimmer steht wie ein riesiger, schwarzer, blinkender Gott. Ich räume ihm zwei Fächer im Kühlschrank leer und er füllt sie mit Fertigmahlzeiten. Die Plastikschalen stapeln sich in der kalten, beleuchteten Kammer wie in einem Leichenhaus. Mein Mann kommt vorbei, um etwas abzuholen, und begegnet Rupert im Flur. Sie schütteln einander die Hand.

»Schön, dich kennenzulernen«, sagen sie.

* *

In der *Orestie* von Aischylos kehrt Agamemnon nach zehn Jahren Krieg gegen die Trojaner als Sieger in seinen Palast in Argos zurück. Er wird von seiner Frau Klytaimestra ermordet, kurz nachdem er den Saal betreten und einen Fuß auf den kostbaren purpurroten Wandteppich gesetzt hat, der zu seinen bitteren Ehren auf dem Palastboden ausgerollt wurde. Später wird Klytaimestra selbst ermordet, von ihren Kindern Orestes und Elektra; sie konnten ihr nicht verzeihen, dass sie den Vater, wie unvollkommen er auch gewesen sein mochte, beseitigt hat.

Meine Kinder interessieren sich für die alten Griechen. Sie kennen sich erstaunlich gut mit griechischer Mythologie aus, wissen um ihre Windungen und Wendungen und sind mit den Figuren vertraut. Wenn sie darüber reden, ist es, als breiteten sie persönliche Erinnerungen aus. Doch ihr Wissen stammt vermutlich aus Büchern und darf deshalb als Erinnerung gelten. Für ein Kind können ein Buch und eine Erinnerung schwer voneinander zu unterscheiden sein; trotzdem bin ich überrascht, wie viel sie wissen. Freud betrachtete die Herausbildung der individuellen Persönlichkeit als analog zur Menschheitsgeschichte. Ich mag diese Auffassung vom Leben als miniaturgroße Nachstellung der Zivilisation. In dieser Analogie stehen die alten Griechen für die prägenden Phasen der Kindheit, wenn die Psyche geformt wird und ihren unwiderruflichen Charakter erhält. Folglich ist es nur stimmig, dass Kinder von Geschichten über Götter und Sterbliche besonders angezogen werden, von der fröhlichen Anarchie der frühen Antike, wo Fantasie und Wirklichkeit nicht getrennt waren, wo die moralische Autorität Gottes, des Vaters, noch nicht geltend gemacht wurde und wo es weder Schuld noch Gewissen gab.

Während eines Familienurlaubs auf dem Peloponnes besuchten wir das mutmaßliche Grab des Agamemnon, einen riesigen, in den Fels gehauenen Raum in einem Hügel bei Mykene, wo zwischen den Wildblumen die Bienen summen. Tatsächlich ist das Grab selbst bienenstockförmig, wie in Anerkennung der einzig wahren Unsterblichkeit, der Rückkehr alles Menschlichen in den ewigen Stoffkreislauf der Natur. Das Grab der Klytaimestra liegt ganz in der Nähe, allerdings in einem gewissen Abstand, denn ihre Geschichte handelt nicht von der Ehe, sondern von Trennung, von dem Versuch, das Ehegefüge aufzubrechen und frei zu sein. Es gibt zwei Gräber, so wie es zwei Menschen gab. Trennung ist eine Forderung nach Raum und bringt ein Bedürfnis des Selbst zum Ausdruck, seine Integrität zurückzugewinnen. Wie das Doppelbett symbolisiert das Doppelgrab die Macht der Ehe, derlei Abgrenzungen zu tilgen. Früher bin ich nachts aufgewacht und habe mich gefragt: Wer bin ich? Denn dort im dunklen Ehebett hatte ich das Gefühl, an den Rand einer schwarzen Kluft getaumelt zu sein oder mit den Planeten durchs Weltall zu kreisen, durch eine mit Sternen besetzte Schwärze. Die Wirklichkeit meines Zimmers, meines Hauses und meines Lebens konnte mich anscheinend nicht erden. Ich hatte Angst vor dem Sterben; nicht weil ich das Leben geliebt hätte, sondern weil ich mich nicht abgrenzen und als Einheit begreifen konnte, als ein Selbst, dessen Existenz die Möglichkeit einer Nicht-Existenz voraussetzt. Es war, als könnte man einen Schatten sehen, nicht aber das Objekt, das ihn wirft. Ich wusste nicht, wer ich war, und trotzdem würde »ich« eines Tages sterben.

An dem heißen Berghang über dem Grab erzählte ich meinen Kindern die Geschichte der *Orestie*, doch ich wusste kaum, wovon ich sprach. Weiß Klytaimestra, dass Agamemnon nach Hause kommt? Geschieht der Mord kalkuliert, folgt er einem jahrelang entwickelten Plan, oder handelt es sich um einen plötzlichen, unvorhergesehenen Gewaltausbruch? Ja, sie weiß es, denn ihre Wachen halten Tag und Nacht auf der Palastmauer Ausschau. Sie hat auf jedem Hügel zwischen Argos und Troja Lagerfeuer legen lassen, die darauf warten, bei der Rückkehr der Krieger entzündet zu werden. Ihr obsessives Nachrichtensammeln und die Rund-um-die-Uhr-Überwachung entsprechen dem Verhalten eines Tyrannen oder eines Diktators. Und tatsächlich betrachten Klytaimestras Untertanen sie als Eiserne Dame, als Mann im Körper einer Frau. Auch das Volk beobachtet, ob die Signalfeuer leuchten und den Sieg über Troja und die Rückkehr des Königs verkünden. Mit einer weiblichen Version von Macht fühlt es sich unwohl. Dass eine Frau sich wie ein Mann verhält oder auch ein Mann wie eine Frau, kommt einem Raub gleich. Es ergibt sich der Eindruck, dass im Zuge der Aneignung jemand ermordet und beseitigt wurde.

Klytaimestra hatte keine andere Wahl, als viele Jahre ohne ihren Mann zu leben und zu regieren; wenn man so will, war sie eine berufstätige Mutter, die ihren Sohn Orestes und ihre Tochter Elektra allein erzog. Es gab noch eine ältere Tochter, Iphigenie, doch die ist tot. Ihre Abwesenheit spukt durch das Drama und durch die Familie, denn in gewisser Weise sind die Familie und das Drama ein und dasselbe. Iphigenie starb, als ihr Vater Agamemnon nach Troja aufbrechen wollte und die Segel setzte; beide Ereignisse sind untrennbar miteinander verbunden. An besagtem Tag lagen Agamemnon und seine kriegsbereite Flotte im Hafen und konnten wegen einer Flaute nicht ablegen. Kein Wind füllte die Segel; die treibende Kraft der Zivilisation, das eifrige Streben der auf ihr Ziel fixierten Männer wurde durch das schlichte Ausbleiben günstiger Wetterbedingungen zum Erliegen gebracht. Sie hatten übersehen, dass sie von der Gunst und der Bereitwilligkeit des Windes abhängig waren. Sie hatten vergessen, die Göttin Artemis milde zu stimmen, Herrscherin über den Wind, und glichen darin Männern, die auf eigene Gefahr vergessen, ihre Frauen milde zu stimmen, von deren Bereitwilligkeit alle Pläne und Projekte abhängen; denn obwohl Frauen keine Kriege führen und keine Zivilisationen gründen, hängt von ihrer Bereitwilligkeit alles ab. Wären die Frauen nicht mehr gewillt, käme die Zivilisation zum Erliegen. Die Männer saßen also im Hafen fest, bis an die Zähne bewaffnet und ohne eine Möglichkeit, dorthin zu gelangen, wo sie hinwollten. Was könnten sie Artemis anbieten, um sie zu besänftigen? Wie könnten sie sie möglichst schnell milde stimmen und endlich ablegen? Ein außergewöhnliches Geschenk war die Lösung. Artemis fand Gefallen an Opfern, an Jungfrauenblut und kostbaren Mädchen, die wie Zuchtperlen auf ihren Altar gelegt wurden. Agamemnons Tochter Iphigenie – Jungfrau, Prinzessin und von ihren Eltern über alles geliebt – würde ein ganz außergewöhnliches Geschenk sein. Vor allem der elterlichen Liebe wegen, welche die Göttin schätzen würde wie den speziellen Glanz einer besonders wertvollen Perle. Die ganze Nacht lang zermarterte Agamemnon sich den Kopf, aber wie Klytaimestra verbittert bemerkte, konnte der Entschluss, zu dem er gelangte, niemanden überraschen. Was bedeutet schon die Qual der Wahl, wenn die Wahl längst getroffen ist? Doch hätte Agamemnon sich nicht gequält, wäre Iphigenies Wert geschmälert gewesen. Wenn er sie leichten Herzens angeboten hätte, wäre die Göttin möglicherweise nicht zufrieden gewesen. Die Qual war reine Formsache, aber auch eine Art Perversion, ein Missbrauch von Emotionen. Am nächsten Tag wurde Iphigenie in einem safrangelben Kleid herausgeführt, das sie eigentlich zu ihrer Hochzeit hätte tragen sollen. Sie wurde gefesselt und auf den steinernen Altar gelegt, und dann schaute sie zu, wie ihr Vater das Messer hob und es ihr ins Herz stieß.

* *

Rupert erzählt mir, dass seine einst so anhängliche und unselbständige Freundin nach der Trennung einen neuen Zugang zum Leben gefunden hat. Sie ist nach London gezogen und geht jetzt jeden Abend aus, in Bars und Clubs und auf Partys. Er behauptet, erleichtert zu sein: Er war derjenige, der die Beziehung beendet hat, und er war bereit, eine gewisse Abbitte zu leisten. Er hatte sich auf lange, tränenreiche Telefonate eingestellt, auf Wutausbrüche, Vorwürfe und Bitten um Versöhnung. Doch wenn er mit ihr spricht – was selten genug vorkommt –, behauptet sie, sich befreit zu fühlen. Er macht sich trotzdem Sorgen, schließlich kennt er sie gut: Sie ist eine Frau, deren Leid sich in Extraversion und Hedonismus zeigt. Dennoch bleibt die Tatsache bestehen, dass sie ihn anscheinend nicht braucht und ihn nie anruft.

Er verlässt das Haus in aller Frühe, um halb sieben, und verschwindet unter den kakophonen Weckrufen der Möwen in der blassen Morgendämmerung. Er geht immer sehr zeitig zu Bett, gegen halb zehn. Manchmal sehe ich seine in einen weißen Frottierbademantel gehüllte Männergestalt auf der dunklen Treppe. In der Küche drehen sich seine Fertiggerichte im Planetenlicht der Mikrowelle. Zum Essen setzt er sich auf einen Hocker an den Küchentresen und blättert in der Zeitung. Einmal im Monat hat er samstags frei und geht mit seiner Mutter mittagessen. Sie lebt in der Nähe. Rupert ist ihr einziges

Kind; der Vater hat sich davongemacht, als Rupert noch ein Baby war, und anderswo eine neue Familie gegründet. Seine zweite Frau ist einflussreich und wohlhabend, während Ruperts Mutter schwach und verarmt ist. Er hat seinen Vater seit Jahren nicht gesehen. Rupert und seine Mutter haben überall im Land gewohnt, haltlos wie von der Brise aufgemischte Löwenzahnsamen, zu leicht und zu orientierungslos, um den Weg zur Erde zu finden. Eine Zeitlang besuchte Rupert eine Chorschule, denn er hatte trotz seiner prekären Herkunft eine starke Singstimme. Die Schule war eigentlich eine Institution der Oberschicht, doch Rupert erhielt ein Stipendium. Wenn er von seiner Zeit dort spricht, breitet sich ein sentimentaler, kindlicher Ausdruck auf seinem Gesicht aus. Die Chorsänger trugen weiße Roben und stellten sich zum Singen auf den hohen Glockenturm. Eines Tages kletterte einer von Ruperts Mitschülern über die Brüstung und sprang. Ich frage ihn, ob er noch singt, woraufhin er den Mund verzieht.

* *

Als er den Palast betritt und einen Fuß auf den Wandteppich setzt, zögert Agamemnon, wie Adam zögerte, bevor er den roten Apfel von Eva entgegennahm. Wie es scheint, hegt die Frau weniger Bedenken. Sie hat keine Angst, beziehungsweise ist das, was sie antreibt, stärker als Angst, stärker als Gehorsam. Klytaimestra überzeugt Agamemnon, wie Eva Adam überzeugt hat. Sie setzt auf die Pracht und Schönheit des Wandteppichs, auf seine Kostbarkeit und auf Agamemnons Macht, ihn zu betreten. Agamemnon ist hin- und hergerissen zwischen dem

Gehorsam den Göttern gegenüber und dem Wunsch, sich seiner Frau hinzugeben. Es ist, als böte die Frau dem Mann eine Möglichkeit, ohne Gott zu leben. Sie ist eine Kraft der reinen Sterblichkeit, durch die sich die dunkelsten und reichsten Lebensmöglichkeiten verwirklichen lassen. Doch wer sind *ihre* Götter? Wessen Autorität erkennt *sie* am Ende an?

Agamemnon betritt den Saal und geht über den Wandteppich. Er tritt die Schönheit mit Füßen, und Klytaimestra tötet ihn. Was hat es zu bedeuten, dass sie ihn erst hereinlocken muss? In der Ehe ist das Innere jener Ort, wo sich die Intimität vollzieht, wo Paare kämpfen oder Liebe machen, wo sie aufrichtig sind und ihr »wahres« Ich zeigen. Die meisten Ehen haben ein öffentliches Gesicht, einen darstellerischen Aspekt, wie der Körper eine Haut hat. Ein Paar, das in der Öffentlichkeit streitet, ist wie ein blutender Körper. Doch es gibt noch andere, äußerlich unsichtbare Formen des Sterbens. Die Menschen reagieren schockiert auf den Krebs, weil er lautlos und unsichtbar ist, und auch auf die Trennung mancher Paare, deren Feindseligkeit nie zu merken war. Sie schienen so glücklich, sagen die Leute betroffen, denn die Vorstellung, der Tod könnte sich durch nichts ankündigen, lässt erahnen, dass er längst hier ist. Ihr wart die Letzten, sagte ein enger Freund zu mir, die Letzten, von denen wir das erwartet hätten. Derselbe Freund zog sich zurück, wie die Menschen sich von schmerzgeplagten Pestkranken zurückziehen aus Angst, sie könnten sich anstecken. Manchmal klingelt das Telefon in meinem halbleeren Haus, und eine Frauenstimme sagt: Es tut uns so leid. Es tut uns leid, das zu hören.

Während der zehnjährigen Abwesenheit ihres Mannes ist Klytaimestra mit Aigisthos intim geworden. Er ist nicht der Vater ihrer Kinder. Selbstverständlich ist er auch nicht ihr Mann, denn ihr Mann lebt noch. Sie ist jetzt Königin von Argos, aber Aigisthos kann nicht ihr neuer König sein, weil der alte ihr Mann, Agamemnon – noch lebt. Es gibt keinen Platz für Aigisthos, keinen Thron und keinen Raum. Wäre Agamemnon tot, würde ein Raum sich auftun: Die halb verwaisten Kinder, die verwitwete Ehefrau und das königslose Land wären Vakua, die gefüllt werden müssten, um das Unterfangen des Lebens über Wasser zu halten. Aber wie die Dinge stehen – und entgegen Klytaimestras Wunsch – hat Aigisthos keinen Wind in den Segeln. Seine Autorität wird nirgendwo respektiert: Die Kinder lehnen ihn ab, das Volk weigert sich, ihn anzuerkennen, und das Land befindet sich nach allgemeiner Auffassung in einer schrecklichen Notlage. In der Ehe flogen Klytaimestra Stärke und Lebensenergie mühelos zu; Kinder kamen zur Welt, Macht wurde gewonnen, Ambitionen schlugen Wurzeln und florierten, und vor allem gab es Glauben, den Glauben an die Richtigkeit und Wirklichkeit von allem. Es ist interessant zu sehen, wie viel die Menschen verzeihen und tolerieren, solange sie glauben. Doch sobald sie zweifeln, tolerieren sie gar nichts mehr, und Aigisthos wird von allen angezweifelt, von allen außer von Klytaimestra.

Während Agamemnons Abwesenheit musste Klytaimestra eine Rolle spielen. Sie hat gelernt, dass sie in der Lage ist, seinen Palast zu führen, sein Land zu regieren und seine Untertanen zu befehligen. Das Geheimnis seiner Männlichkeit wurde bis zu einem gewissen Grad enthüllt;

das Konzept von Mann und Frau wurde geprüft und als Bürde und Lüge enttarnt. Die neue, eingeschlechtige Klytaimestra hat sich für eine Beziehung mit Aigisthos entschieden. Sie sucht nach einer neuen Form, nach einer neuen Anordnung des Weiblichen und des Männlichen. Sie strebt nach Gleichberechtigung. Aus der Gleichberechtigung heraus werden weder Kinder geboren, noch werden Reiche aufgebaut oder Grenzen erweitert, denn in ihrer reinen Friedfertigkeit strebt die Gleichberechtigung nach nichts. Sie ist ein Danach, das auf dem Tod dessen beruht, was vorher war. Der Zeugungsakt erfordert die Unterwerfung des einen durch das andere, die Unterwerfung der weiblichen Form durch den männlichen Inhalt; später dann, wenn das Geborene aufgezogen werden muss, ist es andersherum. Klytaimestra will keine Zeugung mehr. Sie will den Frieden der Gleichberechtigung, doch um ihn zu bekommen, muss sie Gewalt anwenden. Um das Danach zu erleben, muss es zunächst ein Ereignis geben.

Warum hasst sie ihn so sehr, ihren heldenhaften Ehemann? Würde sie auch Aigisthos hassen, wenn er ihr angetrauter Gefährte, Vater ihrer Kinder, Steuermann und Torwächter ihres Lebens wäre? Besitzen alle Frauen die Fähigkeit, ihre Männer zu hassen, und alle Männer die Fähigkeit, ihre Frauen zu hassen? Der Hass scheint mit den Ursprüngen des Lebens selbst verschmolzen zu sein. Als ich meinen Mann nach unserer Trennung zum ersten Mal wiedersah, wurde mir zu meiner Überraschung klar, dass er mich hasste. Ich hatte ihn noch nie jemanden hassen sehen; es war, als wäre er das Gefäß einer fremdartigen Substanz, irgendwie verunreinigt, eine durch einen Ölunfall schwarz gefärbte Küste. Seit Monaten quillt der schwarze, giftige Hass aus der tödlichen Wunde unserer Ehe, er fließt durch jede Ritze und jeden Auslass, durchtränkt alles und überzieht die Kinder, wie Teer die flaumigen Köpfe der Küstenvögel überzieht. Ich erinnere mich, dass das Ende sich anfühlte wie ein langsamer Dammbruch: das Versiegen von Höflichkeit und Rücksichtnahme, der Kollaps von Umgangsformen und Selbstbeherrschung. Diese Abwehr hatte anscheinend den formalen Kern unserer Ehe und unserer Beziehung ausgemacht und den einen vom anderen abgegrenzt. Ohne sie verloren wir unsere Form. Form bedeutet sowohl Sicherheit als auch Gefangenschaft, sie ist Schutz und Täuschung zugleich. Letztendlich verbirgt die Form die Wahrheit, wie der Körper den Krebs verbirgt, der ihn zerstören wird. Die Form ist starr, unantastbar und gnadenlos korrekt, und genau das ist ihre Schwachstelle. Die Form kann gebrochen werden. Sie kann Dehnung überstehen, doch keine Spaltung; sie kann zerstört werden, aber um welchen Preis? Was kann an ihre Stelle treten, wenn sie zertrümmert ist? Die einzige Alternative zur Form ist das Chaos.

Als Ausgestoßene der Ehe betrachte ich die Ehen anderer Leute mit verändertem Blick. Im Stillen beglückwünsche ich die Paare, die ich auf der Straße sehe, gleichzeitig frage ich mich, warum sie zusammen sind und ich allein bin. Ich weiß, dass sie erfolgreich waren, wo ich versagt habe, aber ich weiß nicht mehr, warum das so ist. Gegen Ende der *Orestie*, als Klytaimestra selbst ermordet wird, nicken die Furien immer wieder ein, obwohl es doch ihre Aufgabe wäre, ihrer weiblichen Empörung

Luft zu machen und ihren rechtschaffenen Zorn am Leben zu erhalten. Sie werden schläfrig, faul und vergesslich. Sie erinnern sich nicht an ihre Pflicht, die Ungerechtigkeit anzuprangern, die Klytaimestra auf ihrer Suche nach Freiheit angetan wurde. Sie versäumen es, den Mörder zu verfolgen, als sein Gewissen zu fungieren und den schwarzen Teer des Hasses von Klytaimestras Bild abzuwaschen. Und auch ich habe vergessen, was mich dazu bewogen hat, mein altes Leben zu zerstören. Ich weiß nur, dass es vorbei und verloren ist. Der schwarze Hass fließt ungehindert auf mich ein. Ich lasse es geschehen. Ich kann mich nicht erinnern.

Agamemnon hat Klytaimestras Tochter umgebracht, ihr erstgeborenes Kind. Man sagt, dass Männer vor allem jenes Kind ablehnen, das ihnen die Liebe und Aufmerksamkeit der Frau als Erstes wegnimmt. Ebenso wahr ist, dass eine Frau Erleichterung darin finden kann, etwas zu lieben, das nicht ihr Gegenteil ist. Das Baby verurteilt und begehrt sie nicht, und vorübergehend scheint es ihr einen Zugriff auf ihre eigene Kindheit, ihre Mädchenhaftigkeit und Unschuld zu gewähren. Doch in Wahrheit wurden die Verbindungen durch die Mutterschaft endgültig gekappt. Anscheinend hat der Mann ihr das Baby als Ersatz für sich selbst gegeben, es ist ein Übergangsobjekt, eine Puppe, die sie im Arm halten kann, während er in die Welt zurückkehrt. Denn genau das tut er, er verlässt sie, wendet sich der Arbeit zu und setzt die Segel nach Troja. Er ist wieder frei, denn im Baby hat die Romanze zwischen Frau und Mann ihren Abschluss gefunden; von nun an kommt der eine ohne den anderen aus. Aus Liebe haben sie ein Objekt erschaffen, das Baby, und mit dem Baby haben sie ihre Liebe und deren Grenzen festgelegt.

Ihre Romanze ist beendet, und möglicherweise haben sie jetzt eine Mordswut aufeinander. Vielleicht hat die Frau geglaubt, das Baby würde ihn dazu bringen, sie noch mehr zu lieben, aber in Wirklichkeit scheint sie ihn verloren zu haben. Er hingegen hat das Baby benutzt, um vor ihr zu fliehen. Sie will keine Puppe – sie will einen Mann, der sie liebt und begehrt. Vielleicht ist Iphigenie in dem safrangelben Brautkleid das Opfer, das im Mittelpunkt aller Ehen steht; auf ihrem Tod baut das ganze Unterfangen auf.

* *

Überall sehe ich Paare, aber sobald ich näher herankomme und sie hören kann, ändert sich der Eindruck. Das Bild wird zur Wirklichkeit; im Vorübergehen werde ich kurz in das Netz des ehelichen Gesprächs verstrickt und verfange mich in seinen Spannungen und Taktiken und der aus Millionen Fäden gesponnenen Illusion von Harmonie. Wenn Paare reden, hat alles, was sie sagen, etwas anderes zu bedeuten. Ihre Rede nimmt Bezug, aber die Wirklichkeit, auf die sie sich bezieht, bleibt unsichtbar. Man sieht den Schatten, nicht aber das Objekt, das ihn wirft.

Fast jeden Abend begegnen Rupert und ich uns in der Küche. Er ist ständig zu Hause. Ich gehe nach unten, und da steht er. Die endlos wiederkehrende Zufälligkeit, in der wir aufeinandertreffen, ist das Gegenteil von Ehe. Während sein Essen sich in der Mikrowelle dreht, unterhalten wir uns. Er befragt mich zu meiner Situation. Er interessiert sich für unser Haus und die Art der Energieversorgung. Eines Abends öffnet er eine Flasche Wein und bietet mir ein Glas an. Er nötigt mir die Hälfte seines Essens auf, Nudeln mit roter Sauce aus einem Heinz-Glas. Er sagt, er könne wahrscheinlich einen günstigeren Vertrag für mich abschließen, wenn ich ihm den Papierkram überließe. Er lockert seine Krawatte. Vor den Küchenfenstern hängt eine trockene, violette Dunkelheit, aus den benachbarten Gärten hallen die Unterhaltungen und das Gelächter eines warmen Abends herüber. Durch das wild wuchernde Gras streifen Katzen, und vor Kurzem habe ich einen riesigen, rötlichen Fuchs mit von der Räude zerfressenem Fell gesehen, der in der Abenddämmerung auf der Mauer stand. Oben liegen die Kinder in ihren Betten und schlafen. Ich stelle sie mir vor wie Passagiere in der Kabine eines Schiffs, das vom Kurs abgekommen ist; sie ahnen nichts von der Gefahr, in der sie schweben. Wir haben die Orientierung verloren und unsere Geschichte vergessen, und ich bin der Kapitän und stehe angsterfüllt am Steuer. Rupert gießt noch mehr Wein in die Gläser. Er sagt mir, dass ich einen guten Job mache. Er sagt, ich sei eine sehr nette Person. Seiner Ansicht nach sitzen wir quasi im selben Boot. Nach einer Weile wünsche ich ihm eine gute Nacht, gehe hinauf in mein Zimmer und schließe mich ein.

Ich buche einen Sommerurlaub, den gleichen wie immer, an einem geliebten, vertrauten Ort. Ich schlage meinem Mann vor, den Urlaub in zwei Hälften zu teilen und die Kinder in der Mitte zu übergeben wie Sprinter den Stab beim Staffellauf. Er weigert sich. Er sagt, er wird nie wieder an diesen Ort reisen. Er will nur noch das, was ihm unbekannt ist, das Fremde. Dass ich die Absicht habe, einen Ort zu besuchen, an dem wir früher gemeinsam waren, findet er rücksichtslos und befremdlich. In Wahrheit ahne ich noch nicht, welchen Schmerz meine Absicht verursachen wird und wie viel Disziplin ich aufwenden muss, um diesen Schmerz zu ertragen. Toll, dass es dir nichts ausmacht, sagt er. Ich werfe ihm vor, er wolle unsere gemeinsame Vergangenheit verleugnen und so tun, als habe unsere Familie nie existiert. Ja, klar, sagt er. Ich sage, ich verstünde nicht, warum die Kinder auf alles verzichten sollten, was sie glücklich gemacht hat. Toll, sagt er. Schön für dich.

Wenn ich die Kinder morgens zur Schule bringe, ist Rupert schon weg, und abends meide ich ihn. Ich bleibe in meinem Zimmer und ringe mit den langen Abenden. Ich kann nicht mehr schlafen. Meine Angst vor den Träumen ist zu groß, und auch vor dem Erwachen aus diesen Träumen. Ich habe Angst vor meinem Haus. Ich habe Angst vor meinem eigenen Bett. Ich fühle mich, als wäre ich in eine Welt hinausgegangen, die durchs Fenster betrachtet hell und warm erschien, nur um zu merken, dass es das Licht der gefrorenen Wintersonne war, das Funkeln der Polargebiete und der Gletscher. Hier draußen ist es kälter, als ich es jemals für möglich gehalten hätte.

Eines Abends wird die Haustür heftig zugeschlagen. Rupert ist weg. Er kommt erst am nächsten Morgen wieder; offenbar geht er nicht zur Arbeit. Den ganzen Tag über bin ich mir seiner Anwesenheit im Gästezimmer bewusst. Bei Einbruch der Dunkelheit taucht er in seinem weißen Bademantel auf, zerknittert und verlegen. Er sagt, er habe sich krankgemeldet; gestern Abend habe er es in den Pubs und Clubs der Stadt ein wenig übertrieben. Ist er mit Freunden ausgegangen? Nein, eigentlich nicht, obwohl er sich vage erinnern kann, im Laufe des Abends ein paar Leute kennengelernt zu haben. Nein, er war ganz allein aus und hat sich betrunken. Er kam gegen drei Uhr zurück und hat den Rest der Nacht in seinem Auto verbracht. Er hat fast den ganzen Tag geschlafen und sieht reichlich mitgenommen aus. Er wirft mir verstohlene Blicke zu, sein Augenweiß ist gelb vom Alkohol.

Die Kinder und ich verreisen für ein paar Tage, und als wir zurück sind, kommt meine Nachbarin herüber. Es habe, sagt sie, eine Störung gegeben. Sie sage es mir nur ungern. Ihr Untermieter, sagt sie. Nach dem ersten Mal habe sie ihm eine Nachricht geschrieben und mit der Polizei gedroht für den Fall, dass es so weitergeht. Ich nähme es ihr hoffentlich nicht übel, aber sie sei wirklich mit den Nerven am Ende. Er war da draußen, sagt sie und zeigt aus dem Fenster. Dort im Garten. Es war schon nach Mitternacht und meine Nachbarin lag längst im Bett, als sie plötzlich ein entsetzliches, dämonisches Geräusch hörte. Sie stand auf; andere Leute waren schon am Fenster und riefen hinunter, und schließlich öffnete auch sie ein Fenster. Und da sah sie ihn, er stand in der Dunkelheit auf dem Rasen und trug nichts als Boxershorts. Sie rief ihm zu, die Leute wollten schlafen, er könne nicht diese schrecklichen Geräusche machen. Das ist Ruhestörung! Aber er schien sie gar nicht zu hören; in der Tat schien er nicht einmal zu merken, dass sie da war. Am nächsten Tag klingelte sie bei uns. Sie sagte ihm, sie hoffe sehr, dass er den Unsinn zukünftig unterlassen werde, und er versprach es. Doch in der darauffolgenden Nacht stand er schon wieder draußen. Er fing gegen eins an und machte bis um fünf oder sechs Uhr morgens weiter, dort im Garten, splitternackt. Das Geräusch, das er von sich gab, war einfach furchtbar. Stundenlang ging das so, bis sie fürchtete, den Verstand zu verlieren.

Was für ein Geräusch?, frage ich. Was hat er getan?

Nun, es ist zu seltsam, sagt sie, aber ich glaube, er hat gesungen.

* *

In der Bibel gibt es die Geschichte von Abraham, der sein Kind auf einen Altar bindet und ein Messer über seinen Kopf hebt. Wenigstens ahnt Isaak nichts Böses, als er auf den Berg und seinem Schicksal entgegengeführt wird. Abraham, der gute Vater, erzählt ihm eine halbe Lüge: Er behauptet, sie müssten dorthin, um ein Lamm zu opfern. Ist Abraham zu diesem winzigen Akt der Gnade fähig, weil er nichts zu gewinnen hat? Sein Opfer wird die Räder der Zivilisation nicht ölen, er bringt es nicht, weil er Wind braucht oder die Dinge zu seinen Gunsten drehen will. Es ist einfach nur so, dass sein Gott es von ihm verlangt hat – mit einer Grausamkeit, wie sie nur aus echter Intimität heraus entstehen kann, denn Gott weiß, dass Abraham Isaak über alles liebt. Vor Kurzem hat Abraham Gott für dessen Plan kritisiert, die verkommenen Städte Sodom und Gomorra zu zerstören und damit nicht nur die Sünder, sondern auch die Rechtschaffenen zu töten; selbst wo das Böse regiert, gibt es immer auch Gutes zu finden. Warum, fragte Abraham, erhalten Menschen, die sich dem Bösen widersetzt haben, die gleiche Strafe wie diejenigen, die ihm erlegen sind? Abraham hatte die Kühnheit, seine Meinung zu vertreten, und Gott reagierte mit einem Donnergrollen, wie ein Elternteil ein neugieriges Kind andonnert. Und nun schlägt Gott zurück, indem er Abraham befiehlt zu töten, was ihm das Liebste ist. Offenbar will er ihm eine Lektion erteilen; und war es nicht genau das, was er mit der Ermordung der gerechten Bewohner des unverbesserlichen Sodom im Sinn hatte? Es ist nicht einfach, Gott zu sein; man ist für alles zuständig und trägt die ganze Verantwortung. Genau darum geht es hier: Verantwortung zu tragen bedeutet, die moralische Pflicht über die eigenen Gefühle zu stellen. Wenn Agamemnons Geschichte ein Lehrstück über die grimmige Durchsetzung von Eigeninteressen war, über die Beherrschung des Gefühls als Schachzug im Streben nach Erfolg und über das menschliche Kräftemessen mit den Göttern, steht Abrahams Geschichte für das genaue Gegenteil. Sie ist eine Lektion in Sachen Objektivität, einer Kunst, die nirgendwo anspruchsvoller ist als bei der Beherrschung unseres moralischen Kerns, der Liebe.

Anders als Artemis gibt sich der christliche Gott mit dem Beweis der Bereitwilligkeit zufrieden. Abraham bindet sein verängstigtes Kind auf den Altar und hebt das Messer, und augenblicklich schickt Gott einen Engel, der die Hand des Vaters zurückhält. In der neuen Gedankenwelt hat Blut keinen Wert mehr. Die Gerechtigkeit ist jetzt intellektuell, logisch und akademisch. Ich komme nicht umhin, mir vorzustellen, wie Abraham und Isaak danach schweigend den Berg hinuntergehen und die Geschichte ihrer Liebe in Trümmern liegt. Der Vater hat erfahren, dass er fähig ist, seinem Kind Schaden zuzufügen. Das Kind hat erfahren, dass die elterliche Liebe, anders als gedacht, keine absolute Sicherheit bietet. Welche neue Geschichte wird aus diesem schrecklichen Wissen erwachsen?

Dunkle Fenster

Meine Töchter und ich verlassen das Haus nicht oft. Eine Art Taubheitsgefühl hat sich auf uns niedergelassen und könnte jede Bewegung in Schmerz verwandeln. Eine Zeitlang glaubte ich, aus dem Haus zu gehen wäre tröstlich, vielleicht sogar erholsam, aber dann habe ich gemerkt, dass jedes Willkommen auch eine Form der Entblößung ist. Es ist, als würden wir uns in den Häusern anderer Menschen unserer Nacktheit bewusst. Früher habe ich diese Nacktheit mit Freiheit verwechselt; jetzt nicht mehr.

Die Feier zum siebzigsten Geburtstag meiner Mutter steht an, ein wichtiger Anlass. Alle sind da. Die Einfahrt zum Haus meines Bruders ist voller Autos. Auch wir sind mit dem Auto gekommen, über die Autobahn und dann auf schmaleren Straßen, die uns durch ländliche Gegenden und kleine Ortschaften führten, rote Backsteinsiedlungen, die mich an Kindheitsbesuche im Dorf meiner Großmutter erinnerten. Wir wohnten damals in Amerika, und in jenem englischen Dorf, das mir so klamm und miniaturhaft erschien, so voller Windungen und Hohlräume, erhielt ich meine Ausbildung im Geburtsland meiner Eltern, wo ich bald für immer leben würde. In Kalifornien wusste ich nie genau, wer ich eigentlich war, weil viele Teile des Puzzles fehlten; anscheinend befanden sie sich hier, an diesem verwinkelten, dunklen, regnerischen Ort. Ich erkannte die Umgebung halbwegs wieder: ihr hohes Alter und ihr ausdrucksstarkes Wetter, die Hecken mit den geheimnisvoll gewundenen Tunneln, das Gefühl einer soliden Herkunft, die den oberflächlichen Bewegungen des Lebens zugrunde liegt wie Holz der Politur; all das war ein Teil von mir und doch komplett im Außen. Schwer zu beurteilen – oder nachzuweisen –, dass es zu mir gehörte. In der nach Gas riechenden Küche, wo der Regen an die Fensterscheiben klatschte, butterte meine Großmutter die Schnittfläche des Brotlaibes, bevor sie eine Scheibe davon abschnitt, und ich beobachtete sie, wie eine Wilde eine Missionarin beobachtet oder umgekehrt. In jedem Fall war ich eine Zuschauerin, gegen meinen Willen. Ich wollte im Moment leben, anstatt immer wieder aus ihm herausgehoben zu werden wie ein Kind, das mitten in der Nacht aus seinem warmen Bett gehoben wird.

Meine Wahrnehmung war die Folge und der Fluch eines geteilten Lebens. Zwangsläufig nahm ich England intensiver wahr als die Menschen, die dauerhaft dort lebten, so wie ich heute ein heiles Zuhause, ein vereintes Leben, das ich durch erleuchtete Fenster betrachte, intensiver wahrnehme. Als ich selbst noch hinter diesen Fenstern lebte, fragte ich mich oft, was da draußen wohl sei. Inzwischen wurde erneut eine Teilung vollzogen, und sie ist so wirklich wie die geografische Teilung meiner Kindheit. Ich nehme nicht mehr teil; wieder einmal schaue ich nur zu. Zu beobachten bedeutet, nicht zu fühlen, sondern dem Gefühl ausgesetzt zu sein wie die warme Haut eines Kindes der kalten Nachtluft. Auch meine Töchter wurden aus dem Dämmerschlaf der Kindheit gerissen; auch sie erhielten dafür den Schmerz, und die Gabe der Wahrnehmung. »Ich habe zwei Zuhause«, sagte die eine neulich abends zu mir, langsam und deutlich, »und ich habe keins.« Zu leiden und zu wissen, woran man leidet; wie könnte man diesen Zustand an seinem vielgepriesenen Gegenteil messen, der Fähigkeit, grundlos glücklich zu sein?

Vor uns biegt eine weiße Limousine in die Straße ein, ein Hochzeitsauto, stattlich wie ein Leichenwagen. Durch die abgedunkelten Fenster sehe ich ein Gitter aus weißen Bändern und den leeren, mit Gestecken aus wachsartigen, bleichen Blumen geschmückten Rücksitz. Der Fahrer trägt Kappe und Uniform und starrt geradeaus. Seine feierliche Selbstherrlichkeit ist beeindruckend; in seiner Rolle als Funktionär der ewigen Riten scheint er keinen Unterschied zwischen Leben und Tod zu machen. Ich frage mich, ob er auf dem Weg zur Ausübung seiner Pflichten ist oder von ihnen zurückkommt. Auf dem Rücksitz meines Autos steht eine riesige Torte. Ich habe sie am Vortag gebacken, in einem jener Schwebezustände, die mich jetzt manchmal erfassen und in denen eine Art Entkopplung von der Wirklichkeit stattfindet. Ich gleite oder schlittere einen Zeithang abwärts und weiß nur, dass ich nicht ausweichen oder anhalten könnte, sollte auf meiner Bahn eine konkrete Gefahr erscheinen. Anfangs hat das Leid einen alles verzehrenden Glamour, denn das Leid ist die logische Konsequenz der Gesundheit, so wie der Rausch konsequent auf die Nüchternheit folgt. Es ist die Abweichung von der Normalität, die wir als glamourös empfinden. Ein Schleier wird niedergerissen – wie berauschend, wie befreiend es ist, ihn niederzureißen! Eine Zeitlang leiht der alte Zustand dem neuen sein Licht wie die Sonne einem wirbelnden, erloschenen Stern, aber dann werde ich mir allmählich einer gewaltigen Kälte bewusst, einer Stille, die sich heranschiebt wie ein Schatten. Ich erkenne das Ausmaß des Leidens in dem Moment, wenn ich begreife, dass ich es nicht mehr abwenden kann. In diesem Rausch zu versinken ist beängstigend. Für eine Betrunkene ist die Nüchternheit so unzugänglich wie ein abgeschlossenes Haus, dessen Schlüssel verlegt wurden. Man kann an der Tür rütteln und durch die dunklen Fenster blicken, aber man kann nicht hinein.

Die Torte ist dreistöckig. Die Etagen wurden miteinander verklebt und das ganze Bauwerk von oben bis unten mit Zuckerguss verspachtelt. Die Kinder haben es mit fertig gekauften, harten kleinen Rosenknospen und silbernen Kügelchen dekoriert und mit bunter Glasur die Worte »Happy Birthday« daraufgeschrieben. Die Torte ist so groß, dass ich sie in einem riesigen Karton transportieren muss. Immer wieder sehe ich den Gipfel des farbenfrohen Bergs im Rückspiegel. Die Torte wirkt ebenso billig wie übertrieben; von der Rückbank des Autos strahlt sie Selbstüberschätzung und Scham in Wellen aus. Ich weiß, dass sie misslungen ist. Meine Vorstellung davon hatte etwas Abgehobenes, das irgendwie mit mir durchgegangen ist und sich nicht durch eine realistische Einschätzung der Mühe, die es erfordern würde, die Vorstellung im richtigen Leben umzusetzen, zurückhalten ließ. Meine Vision – drei verschiedene Schichten aus Zitrone, Schokolade und Vanille – hatte sich von meinem Können befreit. Aus meiner Kindheit erinnere ich, wie einfach es war, sich eine Sache vorzustellen, und wie schwer, sie zu erschaffen; die Diskrepanz zwischen der Vorstellung und dem Machbaren war bestürzend. Als Erwachsene habe ich gelernt, dass die Vorstellung nichts ist und der Erfolg eine harte Währung, die durch großen Arbeitseinsatz verdient werden muss. Die Vision will ins Außen verlagert werden, doch im Fall der Torte blieb sie eine Gefangene meiner Vorstellungskraft. Nur vage kann ich mich an den Vortag erinnern, als ich stundenlang in der Küche stand und den Teig für die verschiedenen Schichten anrührte und buk. Ich befolgte kein Rezept, sondern stellte mich völlig in den Dienst meiner Vision und ließ mich allein durch meinen blinden Glauben leiten. Doch ich war nachlässig und unbedacht, wog die Zutaten nicht genau ab und schummelte, wo immer es sich anbot. Bin ich mit der Vision nur deswegen so nachlässig umgegangen, weil es meine war? Manchmal sehe ich die gleiche Ungeduld bei meinen Kindern, wenn sie etwas anfangen, was sie unmöglich ausführen können; da ist eine Art Missachtung – fast schon Verachtung – des realistisch Machbaren oder sogar der Wirklichkeit selbst. Sie wollen das, was ihnen vorschwebt – wie langweilig sie ist, wie hart und kompromisslos, diese Ebene, auf der ihre Vorstellungen keine Anerkennung finden und ihre Eingebungen sich in unförmigen Unsinn verwandeln! Während der Stunden in der Küche habe auch ich die harte Währung des Erfolgs vergessen, ich habe vergessen, dass andere Menschen diese Torte essen und beurteilen würden. Nach dem Backen holte ich die Etagen aus der Form, drei Scheiben von gummiartiger Konsistenz, deren Farbe und Geruch ich nur aus großer psychologischer Entfernung wahrnehmen konnte. Ich verbarg sie unter Glasur, wie um die Objekte meiner Schande zu verbergen, und dann schmückten die Kinder den Hügel wie ein frisches Grab mit Blumen und einer Inschrift. Kinder haben ein Händchen für alles Bestatterische, überhaupt verfügen sie über eine gewisse Autorität in Sachen Tod. Anders als ihre Kreativität ist dies reine Kompetenz. Sie sieht gut aus, Mami, sagten sie, als wir die Torte in die Pappschachtel hinunterließen.

Es braucht mehrere aneinandergerückte Tische, um der ganzen Familie Platz zu bieten. Im Haus meines Bruders wurde das größte Zimmer geräumt. Von überall wurden Tische herangeschleppt: der Esszimmertisch, der Küchentisch, der mit Blättern übersäte Gartentisch, Schreibtische und Beistelltische aus dem ganzen Haus und zuletzt ein großes Stück Spanplatte, das auf zwei aus der Garage geholte Böcke gelegt wurde. Es ist ein kalter, heller Sonntag im Herbst und die Sonne, die durch das Wohnzimmerfenster einfällt, ohne jede Wärme. Die unterschiedlichen Tische bilden eine lange Reihe, ihre Kanten stoßen im harten Tageslicht gegeneinander. Meine Schwägerin breitet eine riesige Tischdecke aus, genaugenommen zwei Decken aus dem gleichen Material, und legt in die Mitte einen Läufer, um die Nahtstelle zu kaschieren. Als die verschiedenartigen Oberflächen – das Billige neben dem Kostbaren, ein Puzzle aus Unzulänglichkeit und Pracht – unter dem Stoff verschwunden sind, entsteht der Anschein von Ganzheitlichkeit. Niemand würde etwas von dem Kompromiss unter der eleganten Tischwäsche ahnen; die Tatsache, dass die zugrundeliegende Struktur weniger ist und zugleich mehr, als es scheint, verliert sich in der Gleichförmigkeit der Oberfläche.

Der jüngste Mensch, der sich zum Mittagessen an den Tisch setzt, ist zwei Jahre alt und der älteste – meine Großmutter – zweiundneunzig. In diesem Clan gab es nie eine Scheidung. Einige Kinder besuchen als Erste in der Familie eine Universität; meine sind die Ersten, die den öffentlichen Zusammenbruch der Ehe ihrer Eltern erleben. Meine Großmutter und ich sind die einzigen Erwachsenen ohne Partner. Mein Großvater starb, als sie schon über sechzig war, und so lebt sie seit fast dreißig Jahren ohne Mann. Langsam beginnt diese Zeit, den Jahrzehnten ihrer Ehe Konkurrenz zu machen, wie ein Stadtrand ein historisches Zentrum umschließt, das jedoch immer Erklärung und Ursache bleiben wird. Anders als ich hat meine Großmutter die Geschichte nie beendet; sie geht weiter, ob mit oder ohne die Hauptfiguren.

Als ich jünger war, glaubte ich, sie hätte das Alleinsein nach den vielen gemeinsamen Jahren als Erleichterung empfunden. Obwohl ich meinen Großvater geliebt habe, war mir sein Tod wie eine Entlastung oder eine Befreiung erschienen, wie das Ausziehen von zu engen Schuhen. Die Ehe war ein Festhalten, ein Korsett, und die einengende Kraft war männlich. Männer zwangen Frauen diese Struktur namens Ehe auf, um sie für sich allein zu haben, und mit ihnen ihre Liebe und Wärme, die sonst ungehindert in die Welt abgeflossen wären. Zugleich boten die Männer Schutz und Geld; ich verstand, dass eine Frau sich nicht einfach selbst befreien und ihre Liebe und Wärme woanders hintragen konnte. Was meiner Großmutter passiert war, schien die ideale Lösung zu sein; man wurde von der männlichen Autorität befreit und durfte gleichzeitig das von ihr – zugegebenermaßen eher schleppend – zur Verfügung gestellte Hab und Gut behalten. Ich wäre nie auf die Idee gekommen, sie könnte sich wiederverheiraten und abermals in die Hörigkeit begeben, und in der Tat verzichtete sie darauf. Genauso wenig glaubte ich, dass sie aus reiner Loyalität zur Familie allein geblieben war; dass sie einsam gewesen sein und sich nach Gesellschaft gesehnt haben könnte, während sie den Kindern zuliebe ihre Rolle weiterspielte; dass sie im Gegensatz zu mir verstanden haben könnte, dass das Puzzle nicht stabil ist, sondern zerbrechlich, kein Gefängnis, sondern eine Fata Morgana. Nicht seine Zerlegung kostet so viel Kraft, sondern seine Erhaltung, denn es kann jederzeit auseinanderbrechen. Das Bild zerfällt, und zurück bleibt kein neues oder anderes Bild, sondern ein Haufen bedeutungsloser Bruchstücke.

Nach dem Mittagessen wird die riesige Torte hereingetragen, und ich meine, aus den Kommentaren der anderen ihre Verunsicherung herauszuhören. Einen Moment lang ist die Aussicht auf – oder vielmehr das Wissen um – mein Scheitern unerträglich, jene unausweichliche Gewissheit, die offenbar die Essenz meines zweiten Lebens ist, des Danach. Als Kind habe ich das Buch des Lebens durch die Erwachsenen in meinem Umfeld gelesen, und jetzt lese ich es durch meine Kinder. Vielleicht ist die zweite Lesart eine Art Sühne für die erste, denn ich weiß, was es heißt, ein Kind zu sein. Die erste Lesung war brutal und aufschlussreich, wo die zweite einfühlsam und philosophisch ist. Ich stand in der Finsternis meiner eigenen Unwissenheit und versuchte angestrengt, die Herrlichkeit und Gewalt der Erwachsenenwelt zu verstehen, ihre doppelte Natur von Schein und Sein. Diese Duplizität, dieser Unterschied zwischen dem Aussehen der Dinge und ihrem Wesen, erschien mir unverzeihlich, so wie ich jetzt nicht vergessen kann, dass sich unter den hübschen Tischdecken eine provisorische Struktur ohne Form oder Schönheit verbirgt. Auf die gleiche Weise betrachtete ich die Romantik der Ehe als eine Husse für einen dreisten Pragmatismus, als Metapher für die Frau, das schöne Wesen, das kocht und putzt. Warum konnten das Äußere und das Innere nicht dasselbe sein? Unter der Oberfläche meiner Torte verbirgt sich etwas, das noch schlimmer ist als Pragmatismus oder Provisorium, nämlich die Umkehr des Sinns, das Scheitern selbst. Es ist besser, pragmatisch zu sein, als eine widerlich schmeckende Torte zu backen. Man geht besser in einen Laden und kauft eine Torte, als diese übertriebene Farce der Liebe aufzutischen.

Beim ersten Weihnachtsfest nach dem Tod meines Großvaters saß meine Großmutter weinend an der Tafel, auf dem Kopf einen Papierhut aus dem Tischfeuerwerk. Ich erinnere mich, wie das hauchdünne Hütchen, während sie weinte, schief auf ihrem grauen Haar saß. Offenbar hatte sie sich damit Einlass in die Welt der Kindheit verschafft, und tatsächlich machte sich angesichts ihres Verhaltens, das mir wegen meiner eigenen emotionalen Ausbrüche nicht fremd war, um den Tisch herum eine leichte Ungeduld breit. Aus irgendeinem Grund waren ihre Tränen nicht erwünscht; anscheinend hatte die Abwesenheit meines Großvaters sämtliche Verpflichtungen zur Verklärung der Ehe aufgehoben. Das Deckmäntelchen war gefallen. Wieso, um alles in der Welt, versuchte sie, es wieder anzulegen? In der Ehe war meine Großmutter tapfer gewesen: Mehr als vierzig Jahre lang hatte sie die Oberfläche gepflegt. Es erschien mir unfair, dass sie jetzt, wo es keinen Schaden mehr anrichten würde, nicht sentimental werden durfte. Ohne Ehemann und mit einem albernen Hut auf dem Kopf war sie in die Kinderkaste zurückgekehrt, an unser Ende der Tafel, wo Strenge herrschte und wo den Leuten gesagt wurde, wann sie weinen durften und wann nicht.

Auf der Geburtstagsfeier meiner Mutter weint niemand. Ich schaue mich um und sehe meine Familie wie durch eine millionenfach gesplitterte Glasscheibe. Die Welt auf meiner Seite des Glases ist so weiß und kalt und still wie eine arktische Ebene. Ein Lied wird gesungen, die Torte wird angeschnitten und in viele Dreiecke zerlegt. Bei ihrer Demontage fühle ich eine gewisse Erleichterung, doch eine Torte ist kein Puzzle. Ihr Wesen bleibt erhalten: Jedes Stück, egal wie dünn, stellt alle Schichten des Ganzen zur Schau. Ein Stück wird vor mich hingestellt, mein Anteil, und auch die anderen bekommen den ihren ab. Ich sehe zu, wie die Teller um den Tisch gereicht werden. Ich möchte mein Scheitern auf meine Familie abwälzen, beziehungsweise soll sie es mir abnehmen. Wir heben die Gläser zu einem Toast. Meine Mutter sagt mir, ich solle essen, man könne ja schon meine Knochen sehen. Mein Vater sagt, mein Fahrverhalten habe sich, seit ich allein lebe, positiv verändert. Meine Großmutter tätschelt mir die Hand. Glaub mir, sagt sie, ihr zwei werdet euch noch zusammenraufen. Warte es nur ab.

* *

An einem grauen, trüben Sonntagnachmittag kommt meine Schwester zu Besuch. Wir gehen mit den Kindern in den Park. Alle Farben stechen schmerzlich aus dem Grauschleier hervor – das Rot der vorbeifahrenden Busse, die gelben Westen der Bauarbeiter, die in der Nähe die Straße aufbohren, das fluoreszierende Rosa und Hellblau der Kinderfahrräder auf den Asphaltwegen. Das Gras ist durchweicht. Ich beobachte die Menschen, Mütter mit Kinderwagen, alte Männer, die geduldig warten, während ihre Hunde an den Rasenkanten schnüffeln, Väter in Sportkleidung, die bei Nieselregen Fußball spielen, und Kinder, die, Tieren in Gefangenschaft gleich, den eingezäunten Spielplatz mit totgeborener Neugier durchstreifen. Wir stellen uns an die Schaukeln, ich beobachte meine Töchter. Manchmal ist es, als würden sie Masken tragen. Ihre Gesichter wirken so unbeweglich wie bei einer Statue, wie weiße Masken aus der Antike mit abwärts gezogenen Mundwinkeln, doch was genau sie darstellen, ihr eigenes Unglück oder meins, weiß ich nicht. In jedem Fall kommt etwas, das verborgen bleiben sollte, plötzlich zum Vorschein. Die kindliche Unbefangenheit wurde ins Gegenteil verkehrt. Sie sind von innen nach außen gekrempelte Menschen.

Als es anfängt zu regnen, verlassen wir den Park und gehen durch die grünen Straßen eines fremden, viktorianisch anmutenden Wohnviertels. Vielleicht könnte ich hierherziehen, weg von den Störungen des Meeres, weg von der anstrengenden, endlosen Veränderlichkeit des wogenden Wassers, das bei Dunkelheit und Licht immer gleich nackt und einsam seine Wellen schlägt. Ich stelle mir vor, in dieser roten Backsteinenklave zu wohnen, geborgen und warm wie in einem kleinen Fegefeuer, in dauerhafter Konformität, wo meine Sünden mich nicht verzehren würden, sondern pflichtgetreu und lebenslang in kleinen Schritten abbezahlt werden könnten wie eine Hypothek. Es ist das Wochenende im Jahr, wenn die Künstler der Stadt ihre Ateliers öffnen und ihre Arbeiten zeigen. Sobald wir eins entdecken, gehen wir hinein, und sei es nur, um dem Regen zu entkommen. An den Wänden hängen gerahmte Fotografien, Aquarelle und Ölbilder, weiter hinten gibt es Ständer mit handgefertigten Postkarten, und auf einem Tisch liegen Drucke in Zellophanhüllen. Das Meer bildet ein wiederkehrendes Motiv. Hier ist es in einer besonders stürmischen Stimmung, dort eher wohlwollend; hier ein Spiegel blinden Gleißens, dort eine aufgebrochene Oberfläche, die selbst Licht freisetzt. Wir sehen das Meer mit Segelbooten und ohne, in der Morgen- und Abenddämmerung, bevölkert oder verlassen, winterlich, sanft oder öde. Es gibt Bilder von Algen, Treibholz und den Kieselsteinen am Strand. Bilder von den bemalten Hütten, die die Promenade säumen und mich an Heilige erinnern, die sich um ein Madonnenporträt aus der frühen Renaissance scharen, denn in ihrer Hingabe und ständigen Wiederholung ist auch diese Kunst religiöse Ikonographie, und ihre Göttin ist das Meer. In den Straßen des Wohnviertels kann man das Meer weder sehen noch spüren; die nette Nachbarschaft könnte sonstwo im Binnenland liegen. Die Bilder wirken obsessiv, fast schon fetischistisch in ihrer Fixierung auf das Abwesende oder, besser gesagt, auf das, was außerhalb ihrer Reichweite liegt. Ich misstraue der Enthüllung dessen, was sich längst offenbart hat: das nackte Meer, der Geist, der seine Dramen aus der sicheren Vorstadt heraus erlebt. Trotzdem stelle ich mir vor, wie ich in dieses Viertel ziehe und mir ein Bild vom Meer an die Wand hänge. Es war stets meine Überzeugung, dass man etwas nur wissen kann, indem man es selbst erfährt, und dass persönliche Erfahrung die wahrhaftigste Form des Wissens ist. Jetzt stelle ich mir eine andere Art von Wissen vor, ein Wissen ohne Offenbarung und ohne Risiko; das Wissen des Voyeurs, der zuschaut, bewertet und im Verborgenen bleibt.

Die Kinder ziehen an unseren Ärmeln. Sie langweilen sich und wollen gehen. Draußen setzen wir unseren Weg auf regennassen Bürgersteigen fort. Wasser tropft aus den Bäumen. Am Ende der Straße hat ein weiteres Atelier geöffnet, die Kinder rennen voraus und verschwinden auf dem Grundstück. Wir folgen ihnen und finden uns in einem märchenhaften Garten voller klingender Windspiele und seltsamer kleiner Keramikfiguren wieder. Dahinter steht ein Haus tief in den trüben Baumschatten zurückgesetzt. Es hat Buntglasfenster und spitze Giebel mit muschelförmigen Dachschindeln, die an die Flechtfrisur eines Milchmädchens erinnern. Die Tür steht offen, drinnen ist alles sepiafarben und vollkommen verstaubt. Wir gehen durch den Flur in einen großen, unordentlichen, von einem eigenartigen Edelsteinlicht durchfluteten Raum. Der Tag draußen ist trüb und grau, doch die Buntglasfenster zeichnen farbige Rechtecke auf den Boden. An einem großen Tisch lehnt eine Dame, mit dem Rücken zu den Fenstern. Sie ist extrem groß und hat lange, blonde Zöpfe. Vor ihr liegt eine Reihe von seltsamen Hüten oder Kopfbedeckungen ausgebreitet. Meine Kinder stehen daneben und drehen sich um, als wir eintreten. Eine meiner Töchter hat sich in einen Hirsch mit dunklem, verzweigtem Geweih verwandelt, die andere in einen Fuchs mit langer, rostroter Schnauze und samtigem Kopf. Meine kleine Nichte ist eine Feldmaus, mein Neffe ein Dachs mit buschigem, weißem Kamm. Die Kinder stehen in dem getönten Licht und beobachten uns aus dunklen, glänzenden Augen. Während der wenigen Minuten unserer Trennung wurden sie umgeformt: Sie sind wie Kreaturen auf einer Waldwiese, aufgeschreckt von der nahenden Gefahr. Die Dame ist sehr zufrieden mit ihrer dramatischen Erscheinung. Die Masken stellt sie, wie sie uns sagt, selbst her. Sie sind eigentlich für Erwachsene gedacht, wirken an Kindern aber viel echter. Sie selbst trage gern den Hirsch, obwohl er sie leider schrecklich groß mache.

Nach einer Weile nehmen die Kinder die Masken ab. Nur der Hirsch rührt sich nicht; vielleicht wurde er in seiner Wahl noch zusätzlich bestärkt durch die Neuigkeit, dass die Dame eine besondere Vorliebe für ebendiese Maske hegt. Kann ich sie haben?, fragt meine Tochter. Wirst du sie mir kaufen? Ihre Stimme dringt aus dem Gesicht des Hirschs, ich kann ihren Mund nicht sehen. Die Maske ist reich verziert, herrlich schwer und weich gepolstert. Die Verwandlung des Kindes ist abgeschlossen, zudem scheint es, dass die Maske seiner Natur entgegenkommt, denn ich habe mich jetzt schon an den neuen

Anblick gewöhnt. Seltsamerweise empfinden wir beide die Metamorphose als Entlastung. Die Dame nennt mir den Preis. Er ist hoch, allerdings nicht so hoch, wie ich erwartet hätte. Meine Hirsch-Tochter hält ganz still und beobachtet mich aus wachen, strahlenden Augen. Bitte, sagt sie. Bitte, ich liebe sie.

Alle warten gespannt auf meine Entscheidung: meine Nichte und mein Neffe, meine Töchter, meine Schwester und die große Dame mit den schönen Zöpfen. Sie spüren ein Autoritätsvakuum. Wie ist es möglich, dass wir einen Spaziergang im Park machen wollten und nun in den Kauf eines Bohème-Kopfschmucks verstrickt sind? Die einzige Gewissheit, die ich in mir finden kann, ist mein Wunsch, die Autorität an sich zu untergraben. Die Autorität würde dem Kind die Maske verweigern, allein aufgrund der Willkürlichkeit seiner Bitte. Autorität würde sich niemals dem Lauf der Dinge anpassen. Doch ich selbst bin jetzt die Autorität. Und obwohl ich ihr die Maske kaufen möchte; obwohl ich weiß, dass meine Tochter sie lieben und in Ehren halten würde und die Entscheidung ganz allein bei mir liegt, beschließe ich, nein zu sagen. Noch bevor ich das tun kann, nimmt sie die Maske herunter. Ihr Gesicht kommt erneut zum Vorschein, leicht gerötet, ihr Haar ist ein wenig zerzaust. Vorsichtig legt sie die Maske auf den Tisch. Ich brauche sie nicht, sagt sie. Es ist nicht so wichtig. Ich habe meine Meinung geändert.

* *

Später, beim Abschied am Bahnhof, sagt meine Schwester: Du musst lernen, deine Gefühle vor den Kindern zu verbergen. Sie fühlen, was du ihrer Meinung nach fühlst. Sie sind nur dein Spiegelbild.

Das glaube ich nicht, sage ich.

Wenn sie glauben, dass du glücklich bist, werden sie es auch sein, sagt meine Schwester.

Sie haben ihre eigenen Gefühle, sage ich.

Was ich fühle, ist Folgendes: Ich bin aus großer Höhe abgesprungen in dem Glauben, ich könnte fliegen, doch nach ein paar unkontrollierten Umdrehungen ist mir klargeworden, dass ich einfach nur falle. Was ich empfinde, ist das rasante Herannahen einer Katastrophe. Und die ganze Zeit habe ich geglaubt, meine Kinder fielen mit mir; ich habe mir eingebildet, in ihre Herzen und ihre Seelen zu blicken und dort Todesangst und Verzweiflung zu sehen. Könnte es sein, dass meine Kinder keine Fenster sind, sondern Spiegel? Dass ich nichts anderes gesehen habe als meinen eigenen Sturz, meine eigene Todesangst, nicht ihre?

Das glaube ich nicht, sage ich noch einmal.

Du musst es glauben, sagt meine Schwester.

Auf dem Rückweg vom Bahnhof lässt der Regen nach. Das Sonnenlicht sprudelt metallisch und satt durch die sich auflösenden Wolken. Ein frischer Wind fegt über den gereinigten Asphalt. Auf einmal werde ich von einem schwindelerregenden Freiheitsgefühl erfasst, dem Gefühl, dass ich keine Autorität anerkennen und keiner übergeordneten Struktur dienen muss, dass ich tun kann, was ich möchte. Ich weiß, das Gefühl wird wieder verschwinden, aber noch ist es da. Ich gehe an verschlafenen Häusern, einer verschlossenen Kirche und einem kleinen Tattoo-Studio vorbei, dessen Schaufenster von schnörkeligen Schlangen und Blumenranken verdeckt wird. Ich gehe an einem Restaurant vorbei und sehe hinter der großen Scheibe eine Familie am Tisch sitzen. Die Mutter beugt sich vor und streckt den Arm aus, um dem Baby im Hochstuhl etwas zu geben. Es riecht nach Essen, ich kann das Klappern von Geschirr und die Angestellten in der Küche hören. Ein Mann in einer Kochschürze lehnt in der Seitentür im Sonnenschein und raucht. Er ist nur wenige Meter entfernt, aber die Familie kann ihn nicht sehen. Sie sitzt im Gastraum um den mit weißem Tuch bespannten Tisch. Durch das Fenster sehe ich die Überreste ihrer Mahlzeit, das Treibgut aus Besteck, zerknüllten Servietten und schmutzigen Tellern, die zerrissenen Brotkrusten auf dem weißen Stoff. Vor wenigen Minuten, als der Regen niederging, müssen sie sich glücklich geschätzt haben, im Trockenen zu sitzen, dort drinnen, wo alles ihrem Komfort dient. Die Frau hält den Arm weiterhin ausgestreckt. Ich beobachte ihre blasse, gereckte Gestalt durch das Glas; sie ist wie eine Statue, die sich zu ihrem Kind hinüberbeugt, erstarrt in der Mutterschaft. Ihr Mann sitzt aufrecht und schaut nach draußen, als wäre ihm dort etwas aufgefallen. Es wirkt, als hätte er in diesem Moment erkannt, dass das Angebot des Restaurants eine Falle war. Er blickt über die Gestalt seiner Frau hinweg durch die dunklen Fenster und sieht den hellen Tag, den goldenen Sonnenschein, die Freiheit und Frische der Straße. Der Mann in der Kochschürze tritt die Zigarette aus und verschwindet wieder in der Küche. Ich gehe weiter und denke an die Hirschmaske mit dem süßen, schreckhaften Ausdruck; an den stark verästelten Kopf meiner Tochter, der sich auf ihren schmalen Schultern drehte; an meine eigenartige Erleichterung angesichts ihrer Maskierung, ihrer neuen, vom menschlichen Schmerz unberührten Tiergestalt. In dieser Verkleidung war sie fähig, beliebig schnell und weit zu laufen und den Pfeilen des Jägers auszuweichen. Sie war frei.

Willst du nichts?

Ich habe eine Freundin, die ich aus Angst nicht mehr besuche. Früher standen wir uns nah, aber als sie mich im zertrümmerten Spätsommer anruft, schrecke ich vor dem Klang ihrer Stimme zurück. Einmal habe ich eine Geschichte über eine Frau gelesen, deren tote Großmutter ständig anruft. Die Großmutter hinterlässt lange Nachrichten auf dem Anrufbeantworter, in denen sie ihre Einsamkeit im Fegefeuer beklagt. Die Frau mochte ihre Großmutter sehr, doch schließlich wird es ihr zu viel; wütend schreit sie die Tote an, sie solle endlich verschwinden. Die Anrufe bereiten ihr Schuldgefühle.

Meine Freundin wohnt mit ihren beiden Töchtern etwa eine Stunde entfernt in einem Stadthaus, das ein Immobilienmakler als »Raumwunder« bezeichnen würde. Von außen erscheint es winzig. Das Wunder besteht darin, dass alles, lässt man den Straßenmaßstab außen vor, im richtigen Größenverhältnis zueinander steht. Meine Freundin ist sehr klein und hat Kinderhände, deren abgebissene Nägel sie in den langen Ärmeln ihrer übergroßen Pullover versteckt. Früher lebte sie zusammen mit ihrem Ehemann in London, wo sie große Dinnerpartys in edlem Ambiente veranstaltete. Wenn man später nach Hause fuhr, fühlte man sich verletzt, als hätte eine unsichtbare Klinge im Laufe des Abends die Haut geritzt. Vermutlich war diese Klinge die Feindseligkeit zwischen Mann und Frau gewesen, die den Haushalt und den Lebensstil des Paares zu einem späteren Zeitpunkt brutal zerstückeln sollte. Der Ehemann lernte eine andere Frau kennen, bekam weitere Kinder und kaufte ein noch größeres Haus, um das erste zu ersetzen. Meine Freundin und ihre Töchter wurden abgeschnitten wie überschüssiger Stoff, der vom Tisch der Näherin herunterhängt und für das neue Schnittmuster nicht mehr gebraucht wird.

Sie zog in eine kostengünstigere, weniger angesagte Gegend, nahm einen Job an, der sich um die Schulstunden ihrer Kinder schmiegte, gab das Trinken auf und meldete sich beim Yoga an. Sie hat jetzt neue Freunde, neue Ansichten und eine neue Frisur. Alles in ihrem Puppenhaus ist zierlich, weiß und luftig. Es ist, als hätte sie die Abwesenheit ihres Mannes genutzt, um ihre Unschuld wiederzugewinnen, ihre Welt abermals jungfräulich zu machen, sich vom Sudel der Sexualität zu reinigen und ihre Weiblichkeit zu pflegen. Eine Zeitlang habe ich ununterbrochen mein Haus geputzt wie eine mütterliche Lady Macbeth, die überall Blutflecken sieht. Die vollgestopften Schränke und überfüllten Regale waren wie mein greifbares Unbewusstes, das ich vom Ballast der Schuld und der Schmerzen befreien wollte. In den Schränken existierte unsere Familie weiter, dort waren Mann und Frau noch verstrickt und die Kinder mit ihren Eltern verwoben; dort überlebte die Intimität. Eines Tages nahm ich alles heraus und warf es weg.

Deswegen habe ich Angst vor meiner Freundin. Ich rufe sie nicht zurück. Ihre Existenz ist tugendsam und ehrenhaft, aber der Gedanke daran erschreckt und lähmt mich.

* *

Meine Tochter kehrt mit langem Gesicht von einem Schulausflug zurück. Ich frage sie, wie es war. In Ordnung, sagt sie.

Den gesamten Abend ist sie still, aber als sie im Bett liegt und sich die Decke bis ans Kinn hochgezogen hat, beginnt sie zu reden. Der Ausflug führte die Klasse in ein nahe gelegenes Naturschutzgebiet; ich kenne den Ort, eine breite Flussmündung, die von trostlosen Feuchtgebieten und Marschland gesäumt wird. Sie waren den ganzen Tag dort. Sie wurden gebeten, Partner auszuwählen, und anschließend erhielt jedes Paar eine Wanderkarte, ein Informationsblatt und Arbeitsbögen und sollte sich auf den Weg machen. Sie sollten ihre Sichtungen von Vögeln und anderen Tierarten notieren und die verschiedenen Wildblumen und Gräser skizzieren. Das klingt schön, sage ich. Na ja, war es auch, sagt meine Tochter, theoretisch. Dass es, sagt sie, hätte schön sein können, macht es umso trauriger.

Als sie auf dem Parkplatz neben dem Bus standen, der sie dort hingebracht hatte, und ihre Partner wählten, erwies sich ihre Zahl als ungerade, und meine Tochter blieb außen vor. Ich frage sie, warum sie sich nicht mit ihrer besten Freundin H zusammengetan habe. H, sagt sie, habe sich für jemand anderen entschieden. Offenbar sind sie und H keine besten Freundinnen mehr, und meine Tochter war langsamer darin als H, neue Allianzen zu schmieden. Ich nehme es ihr nicht übel, sagt sie.

Es ist nicht ihre Schuld. Ich hätte vermutlich genau dasselbe getan. Aber dann musste ich den ganzen Tag allein herumlaufen. Und es war so ein langer Tag, sagt sie, wir mussten sehr weit gehen und so viele Aufgaben erledigen. Die Lehrerin war als ihre Partnerin eingesprungen, doch davon hatte sie nicht viel. Ständig musste sie den anderen helfen, und meine Tochter stand immer wieder allein da.

Das mit dir und H wusste ich gar nicht, sage ich. Du hast es mir nie erzählt.

Es ist genauso meine Schuld wie ihre, sagt meine Tochter.

Was ist denn passiert?, frage ich.

Meine Tochter zuckt mit den Achseln.

Sie mochte es nicht, wenn ich mit anderen rede, sagt sie. Ich wollte ihre Freundin sein, aber ich wollte auch andere Freundinnen haben. Aber sie wollte, dass wir alles zu zweit machen.

* *

Meine Töchter und ich stehen vor dem Spiegel. Sie wachsen und werden größer, ich hingegen schrumpfe. Ich kann nicht mehr essen, wie ein liebeskrankes Mädchen. Aber ich bin kein Mädchen, und mein Kummer ist das Gegenteil von Verliebtheit.

Im Spiegel wirken ihre Gesichter jung, stark und rosig und gleichzeitig grob und unfertig, voller Unbekannter und nicht ausformulierter Sätze. Ihre Scheitel reichen mir bis an die Schulter. Ich stehe zwischen ihnen, zurückgenommen und schattenhaft wie ein Wesen, das sich im Blattwerk ihrer mädchenhaften Vitalität versteckt. Ich habe das Gefühl, mich für immer hier verbergen und mich im jungfräulichen Zusammenleben mit ihnen unsichtbar machen zu können. Aber dann bricht das Bild auseinander, die Zeit tickt weiter und meine Töchter verschwinden aus dem Spiegel, um sich anderen Dingen zuzuwenden. Ich bleibe allein zurück, als hielte ich das lange und eng bedruckte Buch meines Selbst in den Händen.

Kummer ist keine Liebe, doch er ist wie Liebe. Er ist ein entfremdeter Cousin der Romantik und ein grausames Wesen, eine fahrige, von der Hoffnung ungesüßte Schlaflosigkeit. Zu einigen meiner Cousins habe ich keinen Kontakt mehr, weil unsere Familien nicht miteinander auskamen. Diese Familien waren wie wir, aber sie waren nicht wir. Vor ein paar Jahren habe ich meine Cousins auf einer Beerdigung wiedergetroffen, weißgesichtige Fremde in schwarzer Kleidung. Höflich wechselten wir ein paar Worte, und es war tröstlich, in den fremden Zügen die Gesichter meiner Geschwister wiederzuerkennen; in ihrem Ausdruck Kühle zu sehen statt Wärme, Gleichgültigkeit statt Interesse; den Mangel an Tiefe und Bindung in etwas zu spüren, das dennoch wie Intimität aussah. Und irgendwie ist es mit dem Kummer dasselbe. Er ähnelt dem, was er negiert, und jedes verwandtschaftliche Attribut ist Verleugnung statt Verstärkung.

Ich kann nicht essen, und bald ist meine Kleidung zu groß für mich. Die Ärmel klaffen und die Bündchen stehen ab, alles scheint auf einer anderen Skala stattzufinden als ich selbst, wie damals vor langer Zeit, als ich den Kleiderschrank meiner Mutter öffnete und neugierig ihre Sachen anprobierte. In gewisser Weise genieße ich das Gefühl, wieder Kind zu sein. Offenbar spricht der

Substanzverlust mich von den Männern und der Ehe frei; ich tue mich mit meinen Töchtern zusammen, als könnten wir uns auf der anderen Seite dessen, was sie erschaffen hat, erneut begegnen. So fühle ich mich sicherer. Ich sehe essende Menschen an Restauranttischen, in Cafés und auf Parkbänken, und im Vergleich zu ihnen fühle ich mich geschützt, als wäre das, was sie in seiner gehaltvollen Dichte zu sich nehmen, eine Gefährdung. Zu brauchen bedeutet, bloßgestellt zu sein. Beim Essen erscheinen sie fast verwundbar.

Als Familie setzten wir uns zum Abendessen an den Küchentisch, inzwischen bringe ich meinen Töchtern ihre Mahlzeiten auf einem Tablett. Der Tisch ist voller Briefe, Bücher und Stromrechnungen. Ich versuche, mich an das Essen im Familienkreis zu erinnern, und obwohl mir die Details entfallen sind, erinnere ich die Nahrungsaufnahme als eine Art Baum, und wir, ununterscheidbar wie Früchte, hingen in seinen Ästen. Wir bildeten einen Gemeinschaftskörper, ganz ohne individuelle Dramen des Wachsens oder Schrumpfens. Derselbe Baum existierte schon in meiner Kindheit, seine Zyklen waren wechselweise tröstlich oder tyrannisch. Man konnte sich davon lösen, aber der Baum blieb stehen. Als ich im Teenageralter begann, mich den Familienmahlzeiten zu entziehen, reagierte meine Mutter auf meine Abwesenheiten mit Missbilligung, fast schon mit Angst. Da gab es etwas, das sie uns weismachen wollte, und sie fürchtete, dass wir, wenn wir woanders hingingen, die Wahrheit herausfinden könnten. Vielleicht, dass es andere Orte der Nahrungsaufnahme gab, dass dieser Baum und diese Familie nicht die einzige Quelle des Lebens waren. Ihr Essen abzulehnen bedeutete, sie selbst abzulehnen. Möglicherweise glaubte sie, es gäbe da nichts anderes, was wir von ihr bräuchten oder was sie uns bieten könnte. Die Mahlzeiten waren so andächtig und unausweichlich wie in einer Anstalt, bis wir nicht mehr an sie glaubten und sie sich als meine Mutter offenbarten, die uns versorgte oder uns brauchte; was von beidem, war nicht ganz klar.

Willst du nichts?, fragen meine Töchter. Sie fragen so ängstlich wie meine Mutter, nur aus dem gegenteiligen Grund. Als Teenager fühlte ich mich pummelig, träge und von meinem Gewicht niedergedrückt. Ich lief kaum Gefahr zu verhungern. Nachdem ich von zu Hause weggegangen war, nahm ich ab, als wäre mein Gewicht das Gewicht der Familienbeziehungen selbst gewesen. Ich erlag der asketischen Reinheit einer alternativen Religion, dem Hunger. Und nun habe ich abermals mein Zuhause verlassen und stehe wieder in diesem weißen Licht; der Baum wurde gefällt und das Licht bricht durch.

* *

Meine Tochter freundet sich mit einem anderen Mädchen an, S. Soweit ich es sehen kann, haben sie und S nicht viel gemeinsam. Ehrlich gesagt mag ich S nicht besonders. Sie besitzt eine große Sammlung elektronischer Geräte und Apparaturen, in die sie hineinstarrt. Das morbide blaue Bildschirmlicht überzieht ihr Gesicht. Sie nimmt meine Tochter ständig beiseite, um ihr zu zeigen, was sie sich gerade ansieht, und dann starren sie gemeinsam. Einmal will ich meine Tochter von S' Zuhause abholen und sehe die beiden durch das Wohnzimmerfenster auf einem großen, beigefarbenen Sofa sitzen. An der

Wand vor ihnen hängt ein riesiger Fernseher, in dem ein Film läuft. Beim Näherkommen merke ich, dass S einen zweiten, kleineren Bildschirm in den Händen hält. Die beiden schauen mit blau angeleuchteten Gesichtern hinein wie Nebenfiguren in einem religiösen Gemälde, vollkommen absorbiert vom eigenen Tun, während im Zentrum des Bildes Jesus die Bergpredigt hält.

Meine Tochter möchte, dass S bei uns übernachtet. S bringt ihre Reisetasche, ihre Nagellacksammlung und ihre elektronischen Geräte mit. In den anderen Räumen des Hauses höre ich ihre Stimmen, aber sobald ich hereinkomme, verstummen sie. Einsilbig beantwortet S beim Abendessen meine Fragen. Ihr Schweigen wirkt unheilvoll, glatt und versiegelt. Sie isst fast nichts. Später holt sie Süßigkeiten und Chips aus ihrer Reisetasche. Ich gehe ins Kinderzimmer, um ihnen eine gute Nacht zu wünschen. Sie liegen nebeneinander unter der Decke, das blaue Leuchten des Bildschirms im Gesicht. Sie sind still, fast träge, doch später, als ich ins Bett gehe, höre ich sie murmeln und kichern. Ich sage ihnen, sie sollen schlafen, aber sobald ich weg bin, hebt das Murmeln von Neuem an. In der Nacht wache ich mehrmals auf und höre es, ein Geräusch wie von fließendem Wasser oder einer Tür, die im Luftzug quietscht. Ich weiß, dass ich aufstehen und mich darum kümmern sollte, doch ich bleibe liegen.

* *

Ich fahre nach London, um meinen Bruder zu treffen. Bei meinem Anblick erschlafft sein Gesicht. Mein Gott, sagt er.

Er lädt mich in ein teures Restaurant zum Mittagessen ein, und ich esse alles, was auf dem Tisch steht, sogar den Inhalt des Brotkorbes und die Zuckerklumpen, die zum Kaffee gereicht werden. Danach umarmt er mich. Komm uns besuchen, sagt er. Du kannst die Mädchen mitbringen und bleiben, solange du willst.

* *

Meine Töchter fürchten, fett zu werden. Mit gerunzelter Stirn stehen sie vor dem Spiegel und kneifen sich ins eigene Fleisch. Es ist, als wäre eine gewisse Strenge von unserem Haushalt gewichen, die Strenge des Mannes, als hätte unser harter, fester Kern sich aufgelöst, und in der Folge wachsen unsere weiblichen Körper und schwellen an wie helle Monde.

Wir sind zum Abendessen bei einem Freund eingeladen. Die Kinder wollen nicht mit. Müssen wir?, fragen sie. Die Aussicht scheint sie wirklich unglücklich zu machen. Als wir da sind, bleiben sie hinter mir und halten sich an meiner Kleidung fest. Offenbar fürchten sie, mich im Labyrinth des fremden Hauses und der fremden Familie zu verlieren. Alle paar Minuten zupfen sie an meinem Ärmel. Können wir jetzt gehen?, fragen sie, obwohl wir gerade erst gekommen sind. Mir wird bewusst, dass sie andere Erwachsene nicht mehr mögen. Wenn sie etwas gefragt werden, antworten sie kaum. Ihre Gesichter sind verzweifelt.

Mein Freund und seine Frau sind gute Köche. Ihre glückliche Ehe ist ein Gemeinschaftswerk von großer Raffinesse und Kunstfertigkeit. Ich habe es immer sehr bewundert, ich habe es gern gesehen und mich gern in seiner Gegenwart aufgehalten. Das Essen, das sie servieren, bringt sie selbst zum Ausdruck, denn es ist gesund, bescheiden und das Gegenteil von unangenehm oder fade. Ich habe sie immer bewundert, aber inzwischen hat sich für mich einiges verändert. Aus meiner Bewunderung ist Voyeurismus geworden, die verzerrte Wahrnehmung des Vagabunden, der sich draußen vor den beleuchteten Fenstern herumtreibt. Meine Kinder stehen herum und zupfen an meinem Ärmel. Ich will meine Freunde nicht auf die Probe stellen, denn mir ist klargeworden, dass ich neben all den anderen Verlusten auch meine Freundschaften verlieren könnte. Ich gleiche den Menschen, die ich kenne, nicht mehr, und was ist Freundschaft anderes als ein Fest der Gleichheit?

Mein Freund deckt den Tisch. Ich schaue zu, wie er die sauberen Teller und Gläser und das glänzende Besteck herausholt und auf dem Tisch arrangiert. Ich schaue zu, wie er den Fisch und das Brot und Schüsseln mit Gemüse dazustellt. In der Küche ist es warm und gemütlich. Wieder an der Tischzeremonie teilzuhaben, ist fast schmerzhaft; meine Töchter stehen immer noch und wollen sich nicht setzen. Können wir jetzt gehen?, fragen sie. Mein Freund rückt ihnen die Stühle zurecht und füllt ihre Teller. Wenn es euch nicht schmeckt, kann ich euch etwas anderes kochen, sagt er. Ich habe alles Mögliche da. Oder vielleicht wollt ihr nur Brot? Er bietet ihnen Brot an und sie greifen zu, und dann essen sie alles, was er vor sie hingestellt hat, restlos auf. Als wir gehen, gibt mein Freund uns einen Laib von seinem selbstgebackenen Brot mit. Er und seine Frau schlagen vor, dass wir uns in ein paar Tagen wiedertreffen, mit ihrem Sohn; sie bieten mir an, meine Töchter zum Schwimmen mitzunehmen. Meine Töchter antworten nicht, aber später, als wir zu Hause sind, geben sie zu, dass es ihnen gut gefallen hat.

* *

Ich treffe meine älteste Freundin J auf einen Drink. Die Kinder sind bei ihrem Vater, und ich habe mir überlegt, dass ich mich in diesen Phasen des Alleinseins mit anderen verabreden sollte. Ich betrachte es als eine Art Pflicht, die sich aus einer umfassenden und möglicherweise nicht wiedergutzumachenden Vernachlässigung ergibt. Ich habe kein Gefühl für die Zukunft mehr. Wenn ich mich mit Freunden treffe, geschieht es im Dienste einer Illusion. Ich tue so, als wäre nichts passiert und als hätte sich nichts geändert, wie das Orchester, das auf der sinkenden *Titanic* weiterspielt.

Aber der Tag, an dem ich J treffe, war schlecht. Meine Lage ist schwierig, und ich kann über nichts anderes reden. Mit J kann ich unbefangen sprechen, sie kennt mein Leben und ich kenne ihres. Unser Gespräch kreist um einzelne Ereignisse, weil die Geschichte dahinter nie erklärt werden muss. Trotzdem habe ich ein schlechtes Gewissen. Das Drama meines Lebens dominiert und verbraucht den Treibstoff unseres Gesprächs ganz allein, wie ein hässlicher, benzinschluckender Armeepanzer. Da herrscht keine Ausgewogenheit. Es tut mir leid, sage ich immer wieder, es tut mir leid. Ich bin so erschöpft. Ich beichte J, dass ich es kaum ertrage, wenn die Kinder weg sind. Ich gebe zu, dass ich in der Nacht wach lag, bis es hell wurde und ich endlich aufstehen konnte, und dass ich während dieser Mahnwachen oft weinen muss.

J lehnt sich über den Tisch und nimmt meine Hand. Tu das nie wieder, sagt sie. Ruf mich an. Egal, um welche Uhrzeit. Du darfst nie wieder allein weinen. Ruf mich an.

* *

Die Freundschaft von meiner Tochter und S wurde durch ihre Freundschaft mit P erweitert. Die drei stecken die Köpfe zusammen und bilden einen kleinen, leise kichernden Organismus. In dieser komplexeren sozialen Struktur werden die technischen Geräte bis zu einem gewissen Grad ausgeblendet. Das blaue Licht reicht nicht für drei, immer gibt es eine, die nicht alles sehen kann und außen vor bleibt. Die Lockungen des Bildschirms wirken nicht mehr. Es ist wie in der Liebe, wenn eine Trance von zweien durch ein Drittes gestört wird.

Doch die neue Dreierstruktur wirkt zumindest äußerlich ausgelassener, lauter und fröhlicher. Ich mag P gern. Sie teilt einige Vorlieben von S – Chips und Nagellack –, scheint meiner Tochter aber ähnlicher zu sein. Sie ist die Redseligste von allen dreien. Ihr Gesicht ist heiter, sie lächelt und plaudert. Die Mädchen sind ständig zusammen. Wenn eine die andere zu Hause besucht, muss die Dritte mit. Ich freue mich für meine Tochter und bin erleichtert, dass sie neue Freundinnen gefunden hat, doch tief in meinem Herzen fühle ich Enttäuschung. Insgeheim bin ich der Überzeugung, dass sie nicht gut genug für sie sind, denn alles, was meine Tochter ausmacht, ihre Eigenart, tritt in dem neuen sozialen Gefüge zurück. Wer ist sie ohne diese Eigenschaften? Ich bin mir nicht ganz sicher. Sie hat die Interessen und Ansichten von S und P übernommen, ohne ihre Freundinnen in einem ähnlichen Maße beeinflusst zu haben. Ihre alte Freundschaft mit H war gleichberechtigter, denn sie beruhte auf gegenseitiger Beeinflussung und vergleichbaren Eigenschaften. Meine Tochter und H haben sich auf eine Art vermischt, die beiden gerecht wurde, und doch ist diese Freundschaft auf mysteriöse Weise zu Ende gegangen.

Kurz nach dem Erscheinen von P schließt sich ein Mädchen namens D der Gruppe an. Jetzt sind sie zu viert, eine Familie. D ist ganz nach meinem Geschmack. Sie wirkt aufmerksam, höflich und interessiert. Sie hat eine selbstbeherrschte Art, die ich mag, eine nach außen gerichtete, wachsame Umsicht, die das Leben zu respektieren scheint. D starrt nie auf Bildschirme. Ihre Fingernägel sind nicht lackiert. Ich sage meiner Tochter, dass ich D mag. Ich möchte ihr meine Zustimmung zeigen, und D hat mir eine Gelegenheit dazu gegeben.

Ja, sagt meine Tochter kühl, sie ist ganz nett.

* *

Ich frage meine Kinder, was ihr Vater ihnen zu essen gibt. Fertiggerichte, sagen sie. Pizza. Hühnchencurry aus dem Supermarkt. Auch für ihn ist der Baum abgestorben. Einst war er ein ehrgeiziger Koch, er hat gebacken, uns Boeuf bourguignon serviert und zu Weihnachten selber Hackfleisch hergestellt, er hat kleine Raviolipakete gefüllt und Wellenmuster in den Rand gedrückt. Wo ist es hin, das Essen? Und woher kam es, wenn nicht von ihm?

Ich gehe hungrig zu Bett, und als ich aufwache, fühle ich mich schon ein bisschen sicherer. Die gehetzte Kreatur versteckt sich und versucht, sich möglichst klein zu machen. Je weniger es von mir gibt, desto unwahrscheinlicher ist es, dass der Pfeil mich trifft. Abends koche ich für meine Töchter, aber ich kann nicht mit ihnen essen, weil ich fürchte, ich könnte mich vergessen, aus meinem Versteck herauskommen und mich der Gefahr aussetzen. Ich fürchte, dass etwas Schreckliches passieren könnte. Zu essen erscheint mir immer mehr wie ein Öffnen des Körpers, das alle Kampf- oder Fluchtreflexe deaktiviert. Es ist unmöglich, zu essen und dabei wachsam zu bleiben. An manchen Abenden fangen meine Töchter Streit an. Wenn ich mit ihnen essen würde, wäre ich vielleicht selbst ärgerlich, doch so stehe ich ihnen zur Seite. Während ich eines Sonntagabends auf sie warte, klingelt das Telefon. Ich habe einen Schokoladenkuchen für ihre Rückkehr gebacken. Er ist mit einer schönen Glasur überzogen und steht auf einem Teller in der Küche. Am Telefon erfahre ich, dass meine Tochter einen Unfall im Haus ihrer Großeltern hatte, wo sie das Wochenende über war. Sie hat eine Wunde am Bein, die genäht werden muss, und ist auf dem Weg in die Notaufnahme. Die Kinder werden erst spät zurückkommen. Es gibt nichts, was ich tun könnte, und so stehe ich in der Küche und warte. Ich betrachte den Kuchen auf dem Teller. Mir wird klar, dass meine Tochter, während ich den Kuchen gebacken habe, auf dem nassen Weg hinter dem Haus ihrer Großeltern ausgerutscht ist und sich das Knie der Breite nach an einem Kantstein aufgeschlagen hat. Als sie zurückkommt, hat sie sechs Stiche und eine Wunde, die mir das Herz stocken lässt. Ich konnte den Knochen sehen, sagt sie. Sie isst ein Stück Kuchen, ein kleines, denn der Schreck hat ihr den Appetit verdorben. Schmeckt gut, sagt sie und lässt den Kopf in meine Armbeuge sinken. Willst du nichts?

* *

Weiße, abstrakte Tage und Nächte des Hungers, des Hungers und einer Erregung, die in Wirklichkeit das Gegenteil ist: Angst. Ich frage mich, ob auch die Sterbenden in diese schwarze Romanze verstrickt sind, ob das Werben des Todes sich einen Moment lang anfühlt wie das spannende Leben. Manchmal sehe ich meine Töchter und erinnere mich daran, dass ich mit ihnen schwanger war, und der Gedanke ist so seltsam, dass ich ihn nicht lange ertragen kann. Mein Körper hat sich weit von diesem verdickten, bewegungslosen Zustand entfernt, er ist verblasst und schwebt einer leeren Vision von Autonomie entgegen.

Zusammen mit meinen Töchtern schaue ich mir eine Kriegsdokumentation an, alte Schwarz-Weiß-Aufnahmen von Männern, die in seltsam stupsnasigen Booten den Kanal überqueren. Wir sehen, wie sie am Strand abgesetzt werden und Krebsen gleich die Dünen hinaufkrabbeln. Auf offenen Lastwagen werden sie in ein französisches Dorf unweit der Küste transportiert, wo die Briten die Stellung halten. Die Männer drängen in die Gräben und legen die Hände an die Flanken großer, mit Tarnnetzen bedeckter Geschütze. Ihre Gesichter sind schlammverschmiert, an ihren Helmen klebt Laub. Sie hocken da wie Wilde und grinsen in die Kamera. Im Hintergrund ist das Dorf zu erkennen, ein hübscher Ort mit einer Kirche, deren spitzer Turm aus den sommerlich belaubten Baumwipfeln ragt. Unten in den Gräben werden die Kanonen mit Mörsergranaten geladen; die Männer halten die zappelnden Geschütze fest wie die Schenkel einer lüsternen Frau. Wir sehen, wie die Geschosse einschlagen, Hauswände durchbohren, die Ziegel von den Dächern scheren, Straßenschilder und Fenster zertrümmern und große, klaffende Hohlräume in die Mauern reißen. Wir sehen den Kirchturm in einem letzten, stillen Moment. Bis die Mörsergranate trifft, verweilt die Kamera scheinbar ewig über den Baumkronen, und obwohl wir damit gerechnet haben, trifft uns die Zerstörung der Unschuld wie ein Schock. Ein Loch wird durch die Mitte geblasen, die schlanke Turmspitze neigt sich anmutig und stürzt dann zur Erde.

* *

Eine Freundin besucht uns, eine Frau, die ich schon länger kenne, wenn auch nicht gut. Sie hat den Kontakt zu mir gesucht, ist aus dem Hintergrund herausgetreten und auf mich zugekommen. Als Gastgeschenk bringt sie nichts Essbares mit, sondern eine Lavendelpflanze, ein duftendes, mädchenhaft zartes Ding, dessen Geruch mich an meine Kindheit erinnert.

Ich sage zu ihr: Alle Erinnerungen sind mir genommen worden. Mir gehört nichts mehr. Ich wurde aus meiner eigenen Geschichte ins Exil verbannt. Ich sage: Ich habe kein Leben mehr. Es ist nur ein Nachleben, ein Danach.

Meine Freundin hat ihre eigene Geschichte. Auch sie war früher verheiratet; auch sie hat die Auflösung des Bildes erlebt und zugeschaut, wie es in Stücke zerfiel, ähnlich denen, die ich jetzt in meinen Händen halte. Lange

Zeit führte sie zusammen mit ihrer kleinen Tochter das jungfräuliche Leben, das ich jetzt führe. Sie war so dünn, dass sie scheinbar durch ein Nadelöhr passte, sie hatte Kaffee anstelle von Blut in den Adern und schlief nie, weil sie nur dann leben und atmen konnte, wenn ihr Kind im Bett lag. Doch statt zu leben, verbrachte sie ihre Abende mit Grübeln und Weinen. Während jener Zeit, sagt sie, hätten ihre Freundschaften sie gerettet. In der griechischen Tragödie teilt die Gemeinschaft den Schmerz der zurückgekehrten Krieger. Alle gehen auf die Straße und bieten denen, die den Schmerz der Schlacht erlitten haben, ihre Liebe und Fürsorge an. Die Ehe hält andere Menschen auf Abstand, sagt meine Freundin. In der Ehe entfernt man sich von den anderen, aber nach der Ehe kommen sie heraus und nehmen einen auf. So funktioniert Zivilisation, sagt sie. Das Schlimme, das dem einen passiert, bringt in anderen das Beste zum Vorschein.

Meine Töchter mögen diese Freundin. Wenn ich ihren Besuch ankündige, verraten ihre Gesichter Freude, keine Ablehnung. Sie fürchten sie nicht, wie sie andere Menschen fürchten. Vermutlich können sie in meiner Freundin und ihrer Tochter ihr zukünftiges Spiegelbild erkennen. Vor Kurzem hat sie wieder geheiratet, meine Töchter und ich waren zur Hochzeit eingeladen und saßen in der ersten Reihe. Meine Freundin sagt, dass sie beim Auszug aus dem kleinen Haus, das sie mit ihrer Tochter bewohnte, weinen musste. Dort hatte sie ihre Unschuld zurückgewonnen, das Blut der Beziehung weggewaschen, sich selbst auf Anfang gesetzt und die Frucht vom Baum der Erkenntnis ausgespuckt. Sie hing immer noch an ihrer zurückgewonnenen Unschuld; als sie zum zweiten Mal im Leben im Brautkleid vor dem Altar stand, zitterte sie wie ein junges Mädchen. Ich möchte wissen, ob ihr Leben sich wieder wirklich anfühlt und ob das Danach Ereignisse einschließen kann, deren natürliche Folge es war, aber ich verzichte auf die Frage.

* *

D, die Freundin meiner Tochter, feiert Geburtstag. S und P sind auch eingeladen. Als ich zur vereinbarten Zeit hinfahre, um sie wieder abzuholen, stellt sich heraus, dass meine Tochter als Einzige nach Hause geschickt wird. S und P übernachten bei D. Die drei diskutieren über den Film, der zu ihrer Unterhaltung angemietet wurde und den sie sich ansehen werden, sobald meine Tochter gegangen ist.

Auf dem Heimweg ist meine Tochter bleich, stumm und wie erstarrt, aber irgendwann hält sie es nicht mehr aus und sinkt weinend an meine Schulter. Ich halte das Auto an.

Warum wurdest du nicht zur Übernachtung eingeladen?, frage ich.

Ich weiß nicht, heult sie. Ich glaube, es lag an D – sie wollte, dass die beiden bleiben und ich nicht. Sie haben eine andere Einladung bekommen als ich. Die ganze Woche haben sie in der Schule davon geredet.

Du wusstest es schon vorher?, frage ich.

Sie nickt kläglich. Ich bin so wütend auf D, ihre Eltern, mich selbst und die herzlose Welt, dass ich von dem Wunsch ergriffen werde, die Dinge selbst in die Hand zu nehmen. Ich verlange Gerechtigkeit, ganz besonders von D, die ich lieber mochte als die anderen Mädchen.

Lass uns umkehren, sage ich. Ich möchte mit den Eltern sprechen.

Nein, sagt meine Tochter und lächelt schief, obwohl ihr Gesicht nass von Tränen ist.

Wenn du es mir erzählt hättest, sage ich, hätte ich dich niemals dort hingebracht. Ich hätte nicht zugelassen, dass dir so was passiert.

Hinter dem sozialen Unglück meiner Tochter vermute ich eine kalkulierte Grausamkeit. Es ist, als würde sie geächtet und ausgeschlossen; als hätte die Trennung ihrer Eltern ihr ein Siegel der Schande aufgedrückt, das andere dazu bringt, sie auszuschließen. Ist auch das Zivilisation? Die Menschen sind herausgekommen, um mich, die Kriegerin, zu trösten; aber für sie, das Opfer, haben sie nur ein an Verachtung grenzendes Desinteresse übrig.

Sie wussten es wahrscheinlich nicht einmal, seufzt sie und schaut aus dem Fenster in die Dunkelheit. Sie haben wahrscheinlich nicht einmal darüber nachgedacht. So sind die Menschen eben.

* *

Gleich um die Ecke befindet sich ein Blumenladen. Ich bin schon oft daran vorbeigegangen. Wenn er geöffnet hat, ist die grüne Markise ausgefahren und der Bürgersteig darunter ein kleiner, duftender Garten mit Pflanzen und Blumen, von Farbe überschwemmten Kübeln und schäumenden Blütenwolken, die sich auf dem grauen Gehweg im Wind wiegen und kräuseln. Inzwischen schätze ich Blumen sehr. Blumen kann man nicht essen. Zum Ladenschluss wird die Markise eingefahren, der Garten weggeräumt und das Schutzgitter vor dem

Schaufenster heruntergelassen. Die Fassade ist so nichtssagend, dass der Laden zwischen den anderen Geschäften kaum noch auffällt.

Obwohl ich den Laden schon lange kenne, hat dieser Wechsel von einem Zustand in den anderen meine Aufmerksamkeit erneut geweckt. Ich entwickle ein Gespür für seinen Rhythmus und die damit einhergehende Verwandlung; an einem Tag ist er leer und verschlossen, am anderen voller Leben. Es erinnert mich an die Art und Weise, in der mein Haus sich jetzt öffnet und schließt und, abhängig vom Aufenthaltsort meiner Kinder, entweder einladend wirkt oder abweisend, an das neue Gefühl der Vergänglichkeit, an mein Streunerleben, das keine Vergangenheit oder Zukunft kennt, sondern nur eine zerbrechliche, ständig wiederkehrende Gegenwart. Der große Supermarkt in der Nähe hat immer geöffnet: Den ganzen Tag lang gleiten die stoischen Automatiktüren hin und her, lassen Menschenströme ein und aus. Die neonbeleuchtete Halle ist so unpersönlich und zeitlos, dass sie ebenso viel Trost wie Entfremdung bietet. Drinnen vergisst man, dass man nicht allein ist, oder dass man es ist. Manchmal kaufe ich dort Blumen für die Zimmer meiner Töchter, eine Handvoll entwurzelter, in Folie gewickelter Blüten, massenproduzierter Abklatsch von Schönheit wie eine Postkarte der *Mona Lisa*. Sie sehen ganz hübsch aus, und nach ein paar Tagen werfe ich sie weg.

Eines Tages komme ich mit einer Freundin an dem Blumenladen vorbei und bleibe stehen. Die Markise ist draußen, der Gehweg eine duftende Pracht. Meine Freundin möchte mir Blumen kaufen. Komm schon, sagt sie. Lass uns reingehen. Ganz kurz empfinde ich dieselbe Angst, wie ich sie vor allem Schönen empfinde; ich fürchte, es könnte todbringende Splitter der Nostalgie enthalten. Ich ignoriere unsere alten Fotoalben und meide die früher so geliebten Kunstbände. Ich höre nie Musik und lese auch keine Gedichte, die früher meine Begleiter waren. Ich gehe nicht auf den Hügeln spazieren, die ich mit meinem Mann besucht habe, und denke nicht an Auslandsreisen oder Ausflüge zu interessanten Orten zurück. Und ich esse nicht, aus Angst, es könnte mir Vergnügen bereiten und mich verletzen. Als wir vor dem Blumenhändler stehen, werde ich mir plötzlich meiner absoluten Verarmung bewusst. Ich werde durchsichtig vor Kummer: Da ist nichts mehr, dessen Anblick mir Sicherheit geben könnte.

Das Schaufenster ist von Blättern verdunkelt, im Hintergrund schimmern die hellen, wachsbleichen Lilien und die weißen Rosen wie jungfräuliche Ikonen. Drinnen erwarten uns ein sauberer, grüner Geruch und eine unvermittelte Stille und Ruhe. Zwischen Palmwedeln und Farnen schlendern wir durch den kühlen, hohen Raum. Drei Frauen in grüner Schürze stehen ganz hinten an einem Holztresen und arbeiten. Der Tresen ist mit Blumen bedeckt, die Frauen hantieren mit Schere und Bindfaden. Eine Weile schaue ich zu, wie sie einzelne Stängel aus dem Haufen zupfen, gekonnt kombinieren und rekombinieren und schließlich mit geschickten Fingern verschnüren wie Jungfern einen festlichen Kranz. In ihren blassen Händen gewinnen die Sträuße an Volumen und Pracht. Mir fällt ein, dass sie für eine Hochzeit sein könnten, was mich aber nicht belastet. Hier herrscht keine chromosomale Präsenz des Männlichen; dieser kühle und wohlriechende Ort ist ein Hain der Weiblichkeit, dessen Überfluss irgendwie unbefleckt erscheint, als wäre kein Konflikt und kein Kampf der Gegensätze notwendig gewesen, um diese Düfte und Silhouetten zur Vollendung zu bringen. Ich sehe die verschiedenen Blumen in ihren Garben. Die hübsch geformten Köpfe, jeder so zart und eigen, erinnern mich an meine Töchter. Ich werde ein paar kaufen und in die Kinderzimmer stellen. Vielleicht kaufe ich auch einen Farn: Der sanfte Schwung der urwüchsigen, schriftrollengleichen Blätter spricht mich an. Farne sind alt, älter als die Zivilisation, älter als Mann und Frau, älter als richtig und falsch. Sie sind geschlechtslos und haben weder Samen noch Blüten. Farne sind Gefäßsporenpflanzen, deren Blattadern empfindlich auf Verunreinigungen reagieren. Sie rollen sich ein und entfalten sich abhängig von den äußeren Bedingungen. Ich habe keine Ahnung, woher ich das weiß, denn obwohl ich es mir immer gewünscht habe, habe ich nie einen Farn besessen. Ich werde einen Farn kaufen, und ich werde ihn am Leben erhalten.

Die Frauen am Tresen sind in ihre Aufgaben vertieft. Vielleicht haben sie nicht einmal bemerkt, dass wir hereingekommen sind. Wenn wir jetzt gehen, erfahren sie nie, dass wir hier waren. Meine Freundin tritt an den Tresen. Verzeihung, sagt sie, und die drei Frauen heben den Kopf.

Auf Schicksals Schneide

Mein Großonkel und meine Großtante waren mehr als siebzig Jahre lang Mann und Frau. Gespräche mit ihnen glichen einem Spaziergang auf des Schicksals Schneide, wo sich das Selbst und das Andere begegnen. Magst du Musik, Onkel? Oh ja, ich mag Musik sehr gern, aber *sie* könnte Beethoven nicht von »Jingle Bells« unterscheiden. Tante, was sind eure Pläne für den Sommer? Ich würde gerne nach Spanien verreisen, aber *er* will natürlich nicht dorthin, denn angeblich kann er die Spanier nicht leiden.

Als Kind habe ich sie gern besucht. Die Golfschläger meines Großonkels standen in einem Lederständer im Flur, und durch einen Türspalt konnte ich die Strickmaschine meiner Großtante sehen, riesige Stahlspinne in einem Netz aus Garn. Anders als bei uns zu Hause gab es bei ihnen Weihnachtsbaumschmuck von der essbaren Sorte, und beim Abschied wurde für jedes von uns Kindern ein kleines, folienverpacktes Schokoladenstück von den Ästen gezupft. Ihr Wohnzimmer roch nach Möbelpolitur und nach den langhaarigen, seidenweichen Schoßhunden, die sie hielten. Am Fenster stand ein hellbraunes Klavier, dessen Deckel stets geschlossen war. Mein Onkel erzählte oft davon, wie er früher gespielt hatte, aber als ich ihn eines Tages um eine Kostprobe bat, wanderten seine großen, alten Hände orientierungslos über die Tasten. Ich stand in brennender Scham daneben. Wie war es möglich, das Klavierspielen zu verlernen? Mit acht oder zehn Jahren machte ich die bestürzende Entdeckung, dass Fähigkeiten ebenso verloren wie gewonnen werden können und dass das Leben keine geradlinige Entwicklung ist, keine Reihe von Zugewinnen und Erweiterungen. Anscheinend waren Rückwärtsbewegungen nicht ausgeschlossen, und so konnte man jederzeit der Leere und der Unwissenheit anheimfallen.

Er hat sich nie die Mühe gemacht zu üben, sagte meine Tante.

Sie mochte es nie, wenn ich gespielt habe, sagte mein Onkel.

Sie bezeichneten einander als Er und Sie und bildeten somit wechselseitig das primäre Bezugsobjekt, das, was nicht Ich ist. Sie hatten sich mit neunzehn kennengelernt und geheiratet, gemeinsame Kinder bekommen und Krieg und Frieden zusammen erlebt. Mit zunehmendem Alter wurden sie füreinander immer konkreter, während ihr jeweiliges Selbst an Form verlor, und nach siebzig Jahren Ehe waren sie ineinander gefangen wie Wasser in einem Geröllgang. Oft vergaßen sie ganz, sich selbst zu erwähnen, als wären sie in den eigenen Augen nicht wirklich, sondern nur ein störendes Rauschen oder ein Schatten.

Genießt du den Garten bei diesem schönen Wetter, Onkel?

Sie sagt, in unserem Alter sollte man in der Stadt leben, wo alles gleich um die Ecke ist.

Früher hatten ihre Differenzen sie vielleicht belebt, aber im Laufe der Zeit schienen sie etwas zunehmend

Bedrohliches darin zu sehen, etwas, dessen Tödlichkeit immer offensichtlicher wurde, je näher sie dem Tod kamen. Es war, als hätten sie im hohen Alter erkannt, dass sie wegen einander nicht gelebt hatten. Dann eines Tages starb mein Onkel tatsächlich, und ein paar Wochen lang schien es, als stünde meine Tante in einem grellen Blitzlicht. Das wilde, ungebändigte Leben loderte aus ihr, sie drohte, das Testament – ihre erste Erfahrung mit finanzieller Unabhängigkeit – zu ändern, spielte die Familienmitglieder gegeneinander aus, sprudelte über vor neuen Meinungen und legte eine ungekannte Härte an den Tag, die früher im Leben zu Autorität hätte heranreifen können, jetzt aber nur wie eine tragikomische Parodie davon war. Sie gab ketzerische Äußerungen über Ehe und Mutterschaft von sich, denen der Schießpulvergeruch persönlicher Einsichten anhaftete, stritt mit ihren Kindern und enterbte sie, nur um sich dann wie ein Meer nach einem Sturm in tiefe Passivität zurückzuziehen. Sie lag im Bett, neben sich ein kleines, gerahmtes Foto meines Onkels, das in früheren Zeiten aufgenommen worden war. »Das ist er« war alles, was sie zu ihren Besuchern sagte, die sie im Übrigen nicht mehr zu erkennen schien. Sie wurde in ein Pflegeheim gebracht und lag in der beigen Stille eines gesichtslosen Zimmers da, stumm und unbeweglich und mit dem Foto in der Hand, tagein und tagaus, bis sie selbst nicht mehr war.

* *

Ich bin in eine Phase des Widerstands eingetreten. Beim Anblick von Familien reagiere ich gereizt. Im Park überholen sie mich auf Fahrrädern, Mutter, Vater und Kinder, alle tragen einen Schutzhelm, Reflektorstreifen auf der Kleidung und einen Rucksack mit Notfallausrüstung. Es handelt sich um eine Manifestation der Angst. Ihre Fixierung auf Sicherheit ist nicht zu übersehen. Was genau fürchten sie? Sie rufen einander Kommandos und Richtungsangaben zu, als wären wir Umstehenden tumbe Einheimische, die ihrer Sprache nicht mächtig sind.

Ich gebe dem Christentum die Schuld. Soweit ich es beurteilen kann, hat mit dem Christentum der ganze Ärger angefangen. Die Heilige Familie, jene fromme Einheit, die der Welt alle Aufmerksamkeit absaugte, um sie im selben Zug für ihren Egoismus zu geißeln; die sie zur Gewalt anstachelte, sie dann in einer Orgie der Selbstgerechtigkeit zu ewiger Schande verdammte und die Zivilisation zu zwei Jahrtausenden institutioneller Heuchelei verurteilte. Verglichen mit den Häusern von Argos und Theben hat diese Familie eine Menge auf dem Kerbholz. Im Park beobachte ich sie aus verengten Augen, diese gut organisierten Erben der christlichen Frömmelei. Anscheinend haben sie mir die ganze Freude am Leben genommen. Spaßverderber! Was ist mit den leidenschaftlichen Konflikten und Versöhnungen passiert, der Kinetik von Mann und Frau, die heißes Blut durch den Körper treibt? Heute setzen Männer und Frauen Schutzhelme auf, bevor sie einen öffentlichen Park durchqueren. Von einer Bank aus hänge ich dunklen Grübeleien nach. An dem Tag, als der schwächliche Josef einwilligte, die schwangere Maria zu heiraten, wurde die alte Vorlage der Leidenschaft in einem Rundumschlag der Unehrlichkeit zerstört. Die neue Vorlage der Ehe – eine Lüge! Die Familie wurde als sentimentaler Kult des Oberflächlichen neu erfunden, sie wurde zu einem Bild, das auf die Verschleierung der Wirklichkeit abzielt. Der Stall in seiner vermeintlichen Demut, die Engel und die Ochsen, die Krippe, der die Könige auf Knien entgegenrutschen, die dekorativ um das Baby angeordneten »Eltern« – ein Bild von Kindesanbetung, heiliger, unzweifelhafter Mutterschaft, verzagter Männlichkeit und väterlicher Ohnmacht, das immer zur Weihnachtszeit in die Briefkästen des 21. Jahrhunderts flattert. Ich nehme mir vor, in diesem Jahr keine Karten zu verschicken.

Natürlich sind die alten Griechen heute wieder in Mode, denn wir finden ihre Ehrlichkeit, ihre emotionale Gewalt und ihre Missachtung von Tabus therapeutisch und erfrischend. Wir sitzen in elegant-neutral eingerichteten Sprechzimmern und schildern unseren Elektra-Komplex, und dann kehren wir nach Hause zurück, zur Krippe und zum heiligen Kind, in die Rollen und Beziehungen, die, obwohl sie selbst nicht wirklich sind, unser Verständnis der familiären Wirklichkeit zutiefst prägen. Die Wirklichkeit ist unser körperliches Wissen und Begehren, und das Bild existiert, um sie zu kontrollieren und aus ihnen heraus eine seltsame Halbwirklichkeit zu konstruieren. Auch ich war dem Bild einst verfallen, es steuerte mich wie ein Marionettenspieler, der in den dunklen Kulissen unsichtbar bleibt. Das Bild mit seinem Anstand und seiner Sicherheit strafte mich und lieferte mich ewiger Scham aus; und doch konnte es mich – wie jedes Bild – am Ende nur das eine lehren, nämlich ihm noch mehr zu entsprechen.

Ich stelle fest, dass der Anblick der radelnden Familien das intellektuelle Äquivalent eines starken Drinks erfordert, und ich gönne ihn mir in Form einer antiken Tragödie. Dort gibt es keine aufopferungsvollen Mütter und keine perfekten Kinder, keine beschützerischen, pflichtbewussten Väter und keine öffentliche Moral. Es gibt nur die Gefühle, und den Versuch, sie zu zähmen und zu einer Kraft des Guten umzugestalten. In der stürmischen griechischen Welt der Gefühle, des psychologischen Schicksals und der Verquickung von Sterblichkeit und dem Göttlichen bleibt die Frage nach der Autorität ewig und ungelöst. Es ist eine Frage, die auch mich beschäftigt: Was wird die Autorität sein, und woher soll sie in meinem postfamiliären Haushalt kommen?

* *

In Sophokles' *Antigone* gibt es einen Moment, in dem etwas Neues geboren wird oder vielmehr aus einem zwei werden; wenn eine Art von Autorität nicht mehr ausreicht und eine zweite hervorbringen muss, wie auch das Christentum zwei Autoritäten errichtet hat, die des Schöpfers – Gott – und die der Selbstaufopferung – Jesus. Sophokles' Stück spielt in Theben und schließt unmittelbar an das ödipale Drama an. König Ödipus hat sich selbst geblendet und streift nach seiner Vertreibung als Bettler durch die Katakomben von Athen. Seine Frau Jokaste hat erfahren, dass sie seine Mutter ist, und sich umgebracht. Seine beiden Söhne Eteokles und Polyneikes sind daran gescheitert, die Macht zu teilen, und haben einander ermordet. Jokaste hatte einen Bruder, Kreon, und nach dem Tod von Ödipus' Söhnen ging die Last der Führung auf ihn über.

Ich empfinde eine gewisse Sympathie für Ödipus.

Seine Geschichte bringt in meinen Augen eine zentrale menschliche Tragödie zum Ausdruck: den Umstand, dass wir ausgerechnet über jene Dinge nichts wissen, die unser Schicksal sind. Wir wissen nicht genau, was wir tun und warum. Ödipus wusste nicht, dass seine Frau auch seine Mutter war. Er wusste nicht, dass der unhöfliche Fremde, den er an der Kreuzung getötet hat, sein Vater war. Und doch wurde er für seine Taten bestraft, als hätte er sie bewusst begangen. Es gab Menschen – zum Beispiel seine Adoptiveltern –, die von seiner Herkunft wussten, es aber nicht offenbarten. Anscheinend verleiht auch zurückgehaltenes Wissen Autorität. Manchmal machen meine Kinder etwas falsch und ich tue so, als hätte ich nichts bemerkt; ich warte darauf, dass sie ihren eigenen Weg zur Reue finden, und ihre eigene Art, Abbitte zu leisten. Was, wenn sie es nicht tun? Dann muss ich ihnen sagen, was ich weiß und was ich gesehen habe, womit die Wahrheit von mir auf sie übergeht. Meine Autorität ist keine wahrhafte mehr; die Wahrheit wird zur Wahrheit ihrer eigenen Handlungen.

In *König Ödipus* nehmen alle Autoritäten durch ebenjenen Prozess Schaden. Führungsanspruch und Männlichkeit, das Konzept der Familie, die Ehe selbst: Alles ist zu einer Perversion geworden. Die Geschwisterbeziehung erweist sich als mörderisch, die Mutterschaft mutiert zur Selbstzerstörung. Die Welt, die Kreon geerbt hat, ist eine Welt jenseits von Autorität und Familie, sie ist das Danach, und Kreon hat die Aufgabe, es zu regieren. Wie bringt man die Menschen dazu, zu gehorchen, zu glauben und die neue Wirklichkeit anzuerkennen, die man verkörpert? Kreons Vorgehensweise ist es, ein Kommando zu erteilen und keinesfalls mehr davon abzurücken, egal was passiert; eine Strategie, die auch moderne, das Chaos und die Willkür verwaltende Eltern anwenden, nur um unangemessen lange und manchmal sogar wider jede Vernunft auf einer bestimmten Handlungsweise zu bestehen. Das ist mehr oder weniger Kreons Schicksal. Der Leichnam von Polyneikes, dem Sohn des Ödipus, liegt immer noch draußen vor der Stadt. Kreon beschließt, ein starkes Signal der Missbilligung zu senden, um sich von Ödipus' Haushalt abzugrenzen. Er verkündet, dass Polyneikes nicht begraben werden darf, sondern dort liegen und verrotten muss, zerpflückt von Raben und wilden Tieren. Niemand darf den Leichnam berühren. Die Strafe dafür ist der Tod.

Antigone ist die Schwester des Polyneikes, Tochter von Ödipus und Jokaste. Sie erlebt ihr eigenes Danach. Sie hat einen intimen Verlust erlitten; ihre Familie wurde pulverisiert, und nun stellen sich alle Fragen nach Identität und moralischer Entscheidungsfreiheit, die einst Familienangelegenheiten waren, ihr allein. Sie wurde erweckt und zur aktiven Existenz gezwungen. Sie hat zu sich selbst gefunden, aber dieses Selbst wurde durch das Drama ihrer Eltern beschmutzt. Deshalb ist sie immer nur so gut wie das, was sie tut oder zu tun beschließt. Sie beschließt, Polyneikes zu bestatten, denn auch nach längerem Nachdenken über Kreons Edikt kann sie keine Gerechtigkeit oder Logik darin finden. Sie fordert seine Autorität mit einer eigenen Autorität heraus, die emotional ist und deshalb stärker in Gerechtigkeit und Wahrheit verwurzelt. Kreon fragt erstaunt, ob sie weiß, dass ihre Strafe der Tod sein wird. Hat sie denn keine

Angst zu sterben? Nein, antwortet sie, den Tod fürchte sie nicht. Sie fürchtet, etwas zu vernachlässigen, von dem sie weiß, dass es das Richtige ist. Ist ihr nicht klar, dass sie das Gesetz bricht?, fragt er. Du allein hast dieses Gesetz gemacht, antwortet sie. Warum sollte ich dir gehorchen?

»Da wär wahrhaftig ich kein Mann, sie wär der Mann, wenn man ihr straflos hingehn ließe diese Übermacht«, sagt Kreon zu sich selbst. »Nein, sei sie meiner Schwester Kind, sei blutsverwandter mir als jeder: [Sie wird] nicht entgehn dem schlimmsten Los.« Und so manövriert Kreon sich in eine Position, aus der heraus seine Autorität, um sich selbst zu stützen und zu erhalten, ausgerechnet das angreift, was ihm das Liebste und Kostbarste ist. Zur eigenen Beruhigung lässt er den Seher Teiresias holen. Kreon hält Teiresias für weise, er schätzt seinen Rat, wie man den Rat seiner Freunde schätzt, bis sie aussprechen, was man nicht hören will. Und in der Tat verkündet Teiresias ihm eine düstere Warnung: »Wieder schreitest du auf Schicksals Schneide.« Er will damit sagen, dass Kreons Autorität jenen perversen Zustand wiederherstellt, dem sie entsprungen ist. Sie ist zu einer Form geworden, die die Wahrheit einschnürt und gebrochen werden muss. Kreon überwirft sich mit Teiresias und beleidigt ihn auf jede erdenkliche Weise, aber dann ist er ehrlich zu sich selbst. Dies ist das Danach, die zweite Ernte: ein Leben mit dem Wissen um das, was vorher war. Kreon gesteht sich seine Angst ein. Er gibt zu, dass er vor allem die Vorstellung fürchtet, sich im Namen der Gerechtigkeit opfern zu müssen, weil wahre Verantwortung ein Akt der Selbstzerstörung ist. »Nachgeben? Furchtbar!«, sagt er.

»Doch durch Widerstand den stolzen Geist mit Unheil schlagen, furchtbar ist es auch.«

* *

In den Schulferien fahre ich mit meinen Kindern zum Reiten nach Devon. Ihr Wunsch zu reiten ist so beständig, dass er geradezu unpersönlich scheint. Offenbar kann ich darauf bauen.

Ich miete eine Unterkunft in der Nähe einer Reitschule, wo sie jeden Tag ausreiten sollen. Wir fahren nach Westen, durch unbekanntes Hügelland. Ich zittere vor Nervosität; tatsächlich kann ich mich nicht mehr erinnern, wie es sich anfühlt, entspannt zu sein. Mein unaufhörliches Bemühen, so etwas wie Normalität herzustellen, ist eine Fälscherkunst und unendlich anstrengend im Vergleich zu der Lässigkeit, mit der Originale geschaffen werden. Der Abend ist schön, die Sonne schickt schräge, goldene Strahlen vom Horizont. Für mich sind diese Reisen so erschreckend und spannend, wie die ersten Ausflüge auf den geheimnisvollen Ozean es für die Wikinger waren. Ich habe keine Ahnung, was passieren wird oder was wir vorfinden werden. Die Vorstellung, wir könnten überhaupt nichts finden, macht mir Angst. Wonach genau wir suchen, weiß ich nicht.

Wir halten an einer Raststätte. Wir stehen auf dem Parkplatz, trinken warmen Kakao, schauen nach Westen und lassen uns vom grellen Sonnenuntergang blenden. Unser Reiseziel ist eine malerische Kleinstadt in der Nähe von Dartmoor. Offenbar sind sich alle einig, dass es dort schön ist, auch wenn ich mir nicht sicher bin, ob die Leute, mit denen ich darüber gesprochen habe, je dort waren. Wie Erfolgsgeschichten aus Amerika haben die Gerüchte uns aus dem sicheren Zuhause gelockt. Doch die verbindliche Schönheit der Landschaft und das Gefühl – so kraftvoll und flüchtig, so schwer zu begreifen oder festzuhalten –, dass wir von den Anforderungen einer unbestimmten Autorität entbunden wurden und frei sind, verleihen mir Auftrieb. Ich setze diese Autorität nicht mit meinen Mann gleich; die Autorität war die Ehe selbst, und in diesem Moment der Unabhängigkeit bilde ich mir ein, dass sie ihn nicht weniger eingeschüchtert hat als mich. Fast ist es, als könnte ich ihn ebenfalls zur Flucht verpflichten und ihm dort wiederbegegnen, wo wir beide frei sind, in der Nicht-Ehe.

Als wir in der Stadt ankommen, ist es schon dunkel. Der Ort wirkt menschenleer. Die Besitzerin des Hauses hat uns eine handschriftliche Notiz und einen Schlüssel hinterlassen. Wir stehen mit unserem Gepäck auf der langen, abschüssigen Kopfsteinpflasterstraße. Das Rauschen und der Geruch von Wasser durchdringt die Finsternis. Direkt unterhalb befindet sich ein breiter Fluss und zieht seine Bahnen wie eine dunkle Schlange, seine schwarze Oberfläche schimmert. Die Stadt ist eine lautlose nachtliche Silhouette von Dächern, Türmen und gut erhaltenen Straßen. Ihre Schönheit und Verlassenheit sind verstörend. Es ist, als ob sich hier gerade eine Katastrophe ereignet hätte und alle Menschen weggelaufen wären.

Das Innere des Hauses erweist sich als ein modrig riechendes Labyrinth aus Gängen und Feuerschutztüren. Der Teppichboden ist verschlissen, an den Wänden stapeln sich haufenweise Schrott und alte Möbel. Ich weiß sofort, dass das Chaos, die bösartige Unordnung, mich wieder aufgespürt hat. Monatelang hat es mich beschattet und ich habe es abgewehrt, Tag und Nacht, doch jetzt scheint es, als hätte ich ihm abermals die Tür geöffnet. Die Sache ist die: An das Chaos kann ich glauben. Es ist die Normalität, an die ich den Glauben verloren habe. Wie sich herausstellt, haben wir nicht das ganze Haus gemietet, sondern nur einen Teil. Die Notiz führt uns über eine steile, beschwerlich zu erklimmende, von beuligen Rigipswänden eingeschlossene Treppe zu einer Tür hinauf. Wir betreten eine dunkle Dachwohnung. Im künstlichen Licht offenbart sich ein Gedränge von braunen Möbeln, Betten mit gepolsterten, blumig gemusterten Kopfteilen und goldfarbig gerahmten Postern mit ländlichen Szenen. Ich finde, dass ich überreagiert habe. Eigentlich ist nichts von alldem unerträglich.

Es ist wirklich sehr schön, sage ich zu den Kindern, als würden wir ständig in Wohnungen wie dieser übernachten und als könnten wir sie miteinander vergleichen. Tatsächlich haben sie das große Glück, noch nie an einem solchen Ort gewesen zu sein. Aber ich bin nicht daran interessiert, ihnen eine Lektion zu erteilen.

Ja, wiederholen sie und bleiben in ihrem Mantel auf der Schwelle stehen, es ist wirklich ganz schön.

Und morgen geht ihr reiten, sage ich.

Sie verstummen. Sie sind sich nicht sicher, ob sie überhaupt reiten wollen. Sie sind sich nicht sicher, ob sie Lust dazu haben.

Auf der Doppelkochplatte in der Küchenzeile mache ich ihnen das Abendessen. Ich decke sie unter den geblümten Kopfteilen zu. Ich fühle mit ihnen, tröste sie und sitze bis tief in die Nacht auf der Bettkante, doch am Morgen fahre ich sie zur Reitschule und lasse sie dort zurück.

* *

Am späten Vormittag herrscht große Aufregung im Flur, erregte Stimmen sind zu hören, ein Klopfen und dann ein dumpfes Schlagen, das immer lauter wird, bis ich merke, dass jemand die Treppe heraufkommt. Eine Pause, angestrengtes Atmen auf dem Treppenabsatz, und dann fliegt die Tür zur Dachwohnung auf und eine Frau stürmt herein.

Oh, hallo, sagt sie, als sie mich am Tisch sitzen sieht. Ich wusste gar nicht, dass Sie hier sind.

Vermutlich handelt es sich bei der Frau um die Hauseigentümerin. Sie ist so zerzaust, dass es schwer ist, sich ein Bild von ihr zu machen. Vage nehme ich einen breiten, kurvigen Körper wahr, einen Schopf aus grauem, krausem Haar, ein Gelege aus großen gelben Zähnen und ein gerötetes, ledriges, grotesk geschminktes Gesicht. Die Zähne sind entblößt, die Frau keucht oder lächelt – ich kann es nicht sagen. An ihre Arme sind Krücken geschnallt, auf die sie sich stützt und die sie gelegentlich zu einer Geste anhebt wie ein riesiges Insekt die Vorderbeine.

Der Weg nach oben ist lang, keucht sie, aber ich lege Wert darauf, ihn zu schaffen, egal was die anderen sagen. Man darf so etwas gar nicht erst einreißen lassen, oder? Es geschieht, ohne dass man es merkt, und ehe man sich's versieht, ist man bettlägerig.

Bei ihrem Anblick bin ich überrascht, dass sie es

überhaupt geschafft hat, die Treppe heraufzukommen; sie hat nur ein Bein. Ich frage sie, ob sie sich setzen möchte.

Geht es Ihnen gut?, fragt sie prompt zurück. Ihre Stimme ist laut und gellend. Ihre Kleidung fällt mir auf, drapierte Stoffbahnen aus Chiffon und Samt in allen Regenbogenfarben. Gefällt es Ihnen hier? Ein schönes Haus, nicht wahr? Das sind unsere besten Zimmer. Ihr Blick huscht umher. Was tun Sie da?, fragt sie und deutet auf den Tisch.

Schreiben, sage ich.

Ich bin auch Schriftstellerin, sagt sie schnell und sieht mich erfreut an. Was für ein Zufall!

Ja, wirklich, sage ich.

Natürlich schreibe ich nicht unter meinem echten Namen, fügt sie bedeutungsschwer hinzu.

Eine Pause entsteht.

Geht es Ihnen gut?, fragt sie noch einmal. Es ist schön hier oben, nicht wahr? Perfekt zum Schreiben. Wirklich, ich sollte selbst zum Schreiben heraufkommen, nur bin ich die ganze Zeit so beschäftigt. Sie schenkt mir eine Art Hostessenzwinkern, und dann sagt sie:

Aber leider müssen Sie umziehen.

Umziehen?, frage ich.

Nur nach unten, sagt sie. Es ist nämlich leider so, dass andere Gäste hier wohnen möchten. Sie wollen langfristig mieten. Eine Familie, sagt sie. Nette Leute. Sie siedeln in die Gegend um und brauchen die Wohnung ganz dringend.

Ich sage ihr, dass sie mir das im Voraus hätte sagen sollen.

Oh, aber da wusste ich es doch noch nicht!, schreit sie. Sie haben sich erst gestern Abend gemeldet, die Ärmsten sind verzweifelt. Die Frau ist wirklich mit den Nerven am Ende – sie ist gerade erst angereist, aus Genf, glaube ich, wo ihr Mann ein hohes Tier ist. Sie muss den Umzug ganz allein organisieren, da blutet einem das Herz. Die Sache ist die, sie muss auch an ihr Kind denken. So eine süße Familie, sagt sie.

Ich frage sie, zu wann wir das Zimmer räumen sollen.

Nun, sagt sie, wenn es Ihnen nichts ausmacht, dann am besten sofort. Sie kommen heute Abend an und die Putzfrau muss vorher noch einmal durchwischen. Unten wird es Ihnen gut gefallen. Da sind Sie gut versteckt. Perfekt zum Schreiben!

Wie sich herausstellt, ist mit »unten« der Keller gemeint, ein großer, fensterloser, mit Möbeln vollgestellter Raum, dessen Decke so niedrig ist, dass mein Haar sie bei jedem Schritt streift. Ich muss drei oder vier Mal die Treppe hinauf- und wieder hinuntergehen, um unsere Koffer, die wir gerade erst ausgepackt hatten, in den Keller zu bringen. Auf der Treppe und im Flur begegne ich zahlreichen Menschen. Es ist elf Uhr morgens, aber im Keller merkt man nicht, ob es Nacht ist oder Tag. Ich stehe unter den Leuchtstoffröhren, die Koffer zu meinen Füßen. Ich höre ein Klopfen, offenbar steigt die Frau die Kellertreppe hinunter. Sie steckt den Kopf zur Tür herein.

Alles in Ordnung?, keucht sie. Ich muss jetzt los, ich habe ja so viel zu erledigen! Da wohnen Mieter über Ihnen, eine ganz liebe Familie aus Polen, normalerweise sehr ruhig. Ach, und übrigens, heute sind die Handwerker da und erledigen ein paar Arbeiten im Flur. Hoffentlich wird der Lärm Sie nicht zu sehr stören. Auf Wiedersehen!

Und mit einem Zwinkern der umrüschten Augen ist sie verschwunden.

* *

Ich gehe spazieren. Ich kann nicht anders; in dem Keller halte ich es nicht eine Minute aus. Der am Vortag noch klare Himmel wird von Wind und Wolken bestürmt, es fängt an zu regnen. Ich denke an die Kinder, die bei schlechtem Wetter auf ihren Pferden sitzen. Ich finde keinen Weg aus der Stadt ins Grüne, laufe neben der Hauptverkehrsstraße her und dann durch eine Art Forst, wo breite Sandwege an rasierten Landstrichen und gefällten Bäumen vorbeiführen. Die mit fahlen Stämmen beladenen Lastwagen fahren hin und her.

Zurück im Keller, rufe ich die Hexe an, wie ich sie jetzt nenne. Sie aufzuspüren, hat eine ganze Weile gedauert. Ich musste mehrere verschiedene Nummern probieren.

Oh, Sie sind es, sagt sie.

Ich erkläre ihr, dass sie uns woanders unterbringen muss, sofort. Ich sage ihr, dass ich in diesem Keller nicht einmal einen Hund halten würde. Ich werfe ihr betrügerisches Verhalten vor. Sie müsse die Sache bis zur Rückkehr meiner Kinder von der Reitschule regeln.

Während ich spreche, macht sie kleine Ausrufe, »ja« und »oh« und »oje« und »natürlich«. Je weinerlicher sie klingt, desto brutaler werde ich. Ich genieße es: So muss es sich anfühlen, jemanden zusammenzuschlagen. Dann erinnere ich mich an ihr amputiertes Bein und bekomme Mitleid.

Sie sagt, wir könnten bei ihr wohnen, in einem schönen Haus auf dem Land. Sie besteht darauf, denn sie möchte Wiedergutmachung leisten. Ich traue ihr nicht und sage, ich wolle das Haus zuerst sehen. Sie bietet mir an, mich in ihrem Auto hinzufahren. Ich setze mich im Keller auf einen Koffer und warte. Das Haus wird von Bohrgeräuschen erschüttert. Über mir gehen Leute hin und her, Stimmen sind zu hören und ein Fernseher auf voller Lautstärke. Die Hexe kommt herunter, gehüllt in viele Schichten aus Pannesamt in Purpur und Kirschrot. Ich folge ihr zum Auto und steige ein. Das Auto ist verdreckt und mit speziellen Vorrichtungen zum Schalten und Lenken ausgestattet. Auf der Fahrt plaudert sie. Ich höre nicht zu. Ich bin still, nur einmal frage ich, wie weit es noch ist. Oh, nicht sehr weit, sagt sie. Es ist wirklich ganz nah. Nur ein paar Kilometer.

Wir überqueren den sich schlängelnden Fluss, lassen die Postkartenstadt hinter uns und fahren durch eine fremde Landschaft. Ich sitze da und starre aus dem Fenster. Im Regen wirkt das Flickwerk aus Feldern und Gebäuden trostlos. An einer Tankstelle hält sie an. Ich starre aus dem Fenster, während sie um die Zapfsäule herumhumpelt. Der zerdrückte Samt leuchtet im Nieselregen. Sie geht hinein. Ich beobachte, wie sie mit dem Mädchen an der Kasse spricht, den Mund bewegt, lachend den Kopf in den Nacken wirft. Sie unterhält sich länger. Irgendwann kommt sie zurück. Wir fahren noch etwa eine halbe oder eine Dreiviertelstunde. Ich frage sie, wann wir da sein werden. Oh, jeden Moment, sagt sie. Es ist gleich um die Ecke.

Schließlich, wir sind auf einer vierspurigen Schnellstraße zwischen niedrigen Hügeln unterwegs, biegt sie unerwartet ab und bremst vor einem Gebäude, so abrupt, dass wir aus den Sitzen nach vorn geschleudert werden. Wir stehen vor einem Cottage mit schiefen Schornsteinen. Im Vorgarten liegen zerbrochene Möbel, die winzigen Fenster sind mit Lumpen verhangen. Die Straße führt so dicht am Grundstück vorbei, dass der vorbeidonnernde Verkehr das Tor in den Angeln schwingen lässt. Wir steigen aus.

Ich muss bald zurück, wegen der Kinder, sage ich.

Oh, keine Sorge, sagt sie. Wir haben noch genug Zeit.

Wir treten durch das Tor und durchqueren den Vorgarten. Die Hexe ruckelt die Haustür auf.

Willkommen in meiner bescheidenen Hütte, sagt sie.

Ihre Krücken klopfen auf die Dielen, während sie mich durch dunkle, staubige Räume voller Möbel führt, durch krumme, niedrige Gänge und ein Treppenhaus mit knarrenden Stufen und hohem, von Spinnweben bedecktem Fenster. Ich blicke in einen betonierten Hof hinunter, wo ein zotteliger Deutscher Schäferhund an der Kette liegt. Wir gehen an einem überfüllten Zimmer mit einem Rollstuhl und einem ungemachten Krankenhausbett vorbei. Auf dem Treppenabsatz begegnen wir einem Mann, der ein kleines Mädchen mit Pferdeschwanz an der Hand hält. Er lächelt und sagt etwas in einer Sprache, die ich nicht verstehe. Wir gehen durch einen niedrigen Gang in ein kleines Zimmer mit schmalem Einzelbett und Blick auf die Schnellstraße. Auf dem Boden liegen mehrere leere Weinflaschen. Der Raum ist kalt und riecht nach Fäulnis, die Wände sind mit stockfleckigen Zeitungen tapeziert.

Tja, hier wird niemand Sie stören, sagt sie. Viel Spaß beim Schreiben!

Und damit humpelt sie hinaus und schließt die Tür.

Ich setze mich auf die Bettkante und lege die Hände in den Schoß. Mindestens eine Stunde vergeht. Irgendwann höre ich die Motorengeräusche eines Autos, das draußen hält. Ich trete ans Fenster und schaue hinaus. Eine Frau geht durch das Gartentor und kommt auf das Haus zu. Sie ist sehr dick und trägt eng anliegende Kleidung, einen Minirock und ein strassbesetztes Top mit tiefem Ausschnitt. Ihr draller Hals ist mit Schmuck behangen, das schwarze Kunsthaar oben auf dem Kopf zusammengesteckt. Sie watschelt zur Haustür und klopft an. Jemand öffnet ihr, ich höre die Stimmen der beiden Frauen. Es klingt, als tauschten sie Obszönitäten aus, dann lachen sie gackernd. Nach einer Weile sehe ich die zwei Seite an Seite den Weg hinuntergehen. Auch die Hexe hat sich schick gemacht: Sie trägt jetzt ein enges, karminrotes Kleid, das ihrem missgestalteten Körper eine bekümmerte Schönheit verleiht. Sie steigen in das Auto der anderen Frau, eine winzige, ramponierte Fließhecklimousine, scheinbar viel zu klein für beide, und brausen mit schwarz qualmendem Auspuff davon.

* *

Viel später, als wir wieder zu Hause sind und die Kinder in der Schule, entdecke ich in einem Antiquariat einen Roman. Er hat einen leuchtend roten Umschlag mit silberner Schrift, schrill und reißerisch. Ich wende das Buch in den Händen um. Es ist im Eigenverlag erschienen, ich kann mich vage an den Namen auf dem Cover erinnern und lese im Stehen die ersten Kapitel. Es geht um den Wertverlust der alternden Frau und um den Verfall ihres Körpers, einst die Quelle ihrer menschlichen Autorität; um ihre Wut, weil Männer und Kinder gegangen sind und sie alleingelassen haben. Sie schockiert ihr Umfeld mit dem Wunsch zu leben; offenbar erwarten die anderen von ihr, dass sie aufgibt und still dahinscheidet, dass sie sich irgendwo versteckt und diskret verrottet. Inzwischen hat sie gelernt, die Empörung und die Missbilligung der anderen zu genießen. Sie kleidet sich in grelle Farben, zieht hinaus und nimmt es mit der Welt auf. Denn selbst wenn sie auf dem Schlachtfeld verwundet würde, wenn sie niedergerungen und besiegt würde und zu Tode käme, wäre dieser Tod immer noch besser als das, was die Gesellschaft für sie im Sinn hatte; er ist ein selbstmörderischer Akt der Rebellion und ein Versuch, in einer letzten, prächtigen Stichflamme unterzugehen.

Manchmal erzähle ich Freunden von meiner Gefangenschaft im Hexenhaus. Was hast du getan?, fragen sie. Wie bist du entkommen? Was ist mit den Kindern passiert? Ich sage ihnen nicht die ganze Wahrheit: Dass zu gehen mir schwerfiel und dass ich dort blieb, bis die Abenddämmerung über die Hügel kroch und das Zimmer verdunkelte, weil ich das Gefühl hatte, mich der Hässlichkeit und Unordnung des Hauses annehmen zu müssen. Ich fühlte mich verpflichtet, es zu lieben, denn ich hatte plötzlich verstanden, dass es nicht aus böser Absicht so heruntergekommen war, sondern weil niemand es liebte. Sein verwahrloster Zustand hatte mich mehr erschreckt und bedroht, als jeder direkte Angriff auf meine Sicherheit es gekonnt hätte. Ich wollte mich und meine

Kinder davor schützen, aber als ich allein dort saß, ahnte ich, dass wahrer Erfolg, wahre Sicherheit und wahre Autorität jenseits meines Impulses lagen, abzusichern, was das meine war.

Ich bestellte ein Taxi. Ich schrieb auf einen Zettel, es tue mir leid, und ließ ihn auf dem Tisch liegen. Ich rief in der Reitschule an und erklärte alles. Und dann wartete ich dort in der Abenddämmerung auf das Taxi. Wie ein Leuchtfeuer fegten seine Scheinwerfer über die Fassade, als es von der Straße abbog, um mich zu holen.

XYZ

Jede Woche fahre ich fünfundvierzig Minuten an der Küste entlang, um Y zu sehen. Ich besuche ihn vormittags, wenn die Kinder in der Schule sind. Nachdem ich die Stadt verlassen habe, komme ich erst zügig voran und dann immer langsamer, weil die Straße sich draußen auf dem Land auf eine einzige Spur verengt. Der Verkehr strömt stetig weiter, ohne jemals innezuhalten oder zu versiegen, wie ein anschwellender Metallfluss zwischen menschenleeren, grünen Ufern.

Y wohnt in einer Sackgasse am Rand einer Stadt, deren Zentrum ich nicht kenne, denn sobald ich sein Haus erreicht habe, besteht kein Grund, noch weiterzufahren. Ich wurde angewiesen, nicht in der Sackgasse selbst zu parken. Ich muss mein Auto an der Straße stehen lassen und den Rest der Strecke zu Fuß zurücklegen. Der schwarze Asphalt windet sich zwischen Häusern und vielen Bäumen hindurch. Abgesehen vom Rauschen des Windes im Blattwerk ist es immer still, und nur selten begegne ich einem anderen Lebewesen. Manchmal erkenne ich am fernen Ende einer Rasenfläche dunkle Schemen hinter einem Fenster, in dessen Scheiben sich der grüne Baldachin der Bäume als zitterndes, urzeitliches Muster aus Schatten und Licht spiegelt. Am Eingang zu Ys Grundstück wächst ein Apfelbaum. Als ich ihn das erste Mal sah, stand er in voller Blüte. Das explodierende Weiß erschreckte mich, es war wild aufschäumend und doch vollkommen reglos, wie eine weiße, auf dem höchsten Punkt erstarrte Welle. Dahinter befinden sich die Tore zur Einfahrt. Das Haus hat zwei Eingänge, einen vorn und einen an der Seite. Bei meinen Besuchen klingele ich an der Seitentür, lausche dem Wind, der in den Zweigen heult, und warte.

* *

Auf einer Party in London lerne ich Z kennen.

Ein überheizter, überfüllter Raum mit plüschigem Bodenbelag, auf dem wir Gäste herumstehen wie im Schlamm steckengeblieben. Kellner tragen Tabletts mit Kanapees herum; die Atmosphäre ist von einer geschmeidigen Dichte, die alles zu verlangsamen scheint. Ich beobachte die Gesichter der Menschen, und wie sich ihre Münder bewegen. Ich meine, alles zu hören und nichts. Obwohl es schon Abend ist, fallen warme Sonnenstrahlen durch die Fenster ein. Ich bin fast eine Stunde lang durch den Park gegenüber gelaufen, bevor ich mich endlich zum Hineingehen überwinden konnte. Ich möchte mich mit niemandem unterhalten, ich habe nichts zu sagen.

Z ist ein Mann. Was bedeute ich einem Mann, was bedeutet er mir? Ich habe nicht darüber nachgedacht. Ich gehe nur selten aus. Ich fühle mich wie ein Soldat, der aus dem Krieg heimgekehrt ist. Meine Erfahrungen haben mich zum Schweigen gebracht und verhindern meine Rückkehr zur Unschuld, zur unschuldigen ersten Begegnung von Frau und Mann. Wie sich herausstellt, ist Z ebenfalls ein Veteran; auch er ist vom wimmelnden

Schweigen der Erfahrung erfüllt. Aber wir haben in unterschiedlichen Kriegen gekämpft.

Ich kenne ihn nicht. Wir reden über Städte, über Bangkok, Los Angeles und Moskau. Wir sind Fremde und unsere Unterhaltung ist eine Art schnell fliegende Rakete, die uns über der Oberfläche der Dinge hält. Es ist, als würden wir die Erde umkreisen und aus großer Entfernung ihre Wahrzeichen und Ballungszentren beobachten. Unser Gefühl von Freiheit könnte jederzeit in Todesangst umschlagen. Alle paar Minuten bleibt ein Kellner mit einem Tablett stehen. Nach einer Weile bin ich mit dem rotierenden Angebot vertraut und kann Reihenfolge und Art der Speisen vorhersagen. Ich erkenne das Tablett mit den Selleriestangen wieder, die aus glänzenden Mayonnaisehügeln ragen, die kleinen Pasteten mit der gelben, klebrigen Füllung und auch die braun glänzenden Cocktailwürstchen. Irgendwann merke ich, dass die Mayonnaise eine Art Haut gebildet hat und die Pasteten so tief in Ablehnung versunken sind, dass man nicht anders kann, als sie abermals abzulehnen. Ich fange an, mich in der Routine zu verwurzeln, wie ein Unkraut sich in einem winzigen Fingerhut voller Erde verwurzelt, doch als der Kellner zum erwarteten Zeitpunkt mit den Cocktailwürstchen erscheint, winkt Z gereizt ab. Er hat genug von diesen Unterbrechungen. Der Kellner zieht sich zurück, ich bekomme Angst. Ich fühle mich seltsam beraubt. Anscheinend fürchte ich, dass mir nie wieder etwas angeboten werden könnte, dass ich mittellos bin wie ein Kind, das sich in einer hektischen, fremden Stadt verlaufen hat, in Los Angeles oder im Zentrum von Bangkok. Als der Kellner das nächste Mal vorbeikommt, strecke ich die Hand aus, schnappe ein Würstchen vom Tablett und schiebe es mir in den Mund.

* *

X ruft an. Unser Gespräch ist, wie Stacheldraht zu essen oder Glasscherben zu kauen. Unser Gespräch ist wie ein vergifteter Brunnen, aus dem ich trotzdem trinke.

* *

In Ys Zimmer sitze ich im Sessel. Es ist ein steifer Großmuttersessel, der aber wie alles in Ys Zimmer so gediegen und schlicht wirkt, als gehörte er eigentlich niemand Bestimmtem. Y sitzt in einem beigefarbenen Lederdrehstuhl mit funkelndem Stahlskelett und tiefem Polster. Er ist groß und das, was man früher stattlich genannt hätte. Sein Bart ist grau. Ich nehme ihn als einen Verbund von Scharnieren und Stäben wahr, als großes mathematisches Instrument; im klaren Vormittagslicht richten sich seine langen, geraden Gliedmaßen mit mechanischer Leichtigkeit in den Angeln aus. Er ist gekleidet wie ein christlicher Missionar oder ein Entwicklungshelfer, und was er trägt, nimmt in seiner Bedeutungslosigkeit fast eine eigene Bedeutung an. Außerhalb dieses Zimmers hat seine Männlichkeit für mich keinen Kontext, deswegen erscheint er so stählern wie der Sessel, in dem er sitzt. Es stört mich nicht. Ich bin gebrochen, und Stahl könnte mich vielleicht reparieren.

Ich sage: Ich möchte nicht von Ihnen hören, ich dächte zu viel nach. Wenn Sie das sagen, gehe ich.

Y schweigt eine Weile. Als er dann doch zu reden beginnt, ist es nur, um mir die Verhaltensregeln für sein

Sprechzimmer darzulegen. Er spricht von Zeitplänen, der Langfristigkeit des Ganzen und der Unverhandelbarkeit unserer fünfzig Minuten, die sowohl deren Schwäche als auch deren Stärke ausmacht. Er spricht über die allgemeine Bedeutung unserer Beziehung, die Symbolik ihrer vertraglichen Natur, ihre Strategien der Übertragung, Verführung und Schuldzuweisung. Nach einer Weile komme ich mir vor wie ein widerspenstiges Pferd, dem ein Geschirr über den Kopf gezogen wird. Er erwähnt sich ziemlich häufig selbst, geradeso, als wäre er ein fester Bestandteil meines Lebens, und krampfartig spüre ich stellvertretend für ihn eine Art Verwundbarkeit. Er ist wie ein Priester, der vergessen hat, sich vor der Predigt davon zu überzeugen, dass die Gemeinde überhaupt an Gott glaubt. Ys Religion ist die Psychoanalyse, aber ich bin nicht hier, um zu beten; ich muss zuerst einmal bekehrt werden.

Ich sage: Ich bin mir nicht sicher, ob es funktionieren kann. Ich bezweifle, dass es mir etwas nützen wird.

Ich bin neidisch auf Ys Überzeugungen. Sie scheinen seine gesamte Aufmerksamkeit zu beanspruchen. Ich möchte sie angreifen und beschädigen. Ich möchte sie beschädigen, indem ich nicht an sie glaube.

Y zieht ein leicht erschrockenes Gesicht, allerdings nach Art eines Schauspielers. Er legt den Kopf schief. Dann erklären Sie mir, warum Sie hier sind, sagt er.

Es ist zu seltsam, in diesem Zimmer über meine Ehe zu sprechen; seine geradezu vorwurfsvolle Neutralität lässt meine Geschichte greller und gleichzeitig düsterer erscheinen. Es geht so gesittet zu wie in einem Gerichtssaal, wo der zuständige Ausschuss, während er Kriegsverbrechen analysiert und einzelne Akte gedankenloser Brutalität und Verwüstung durchleuchtet, Kaffee aus farblich aufeinander abgestimmten Tassen trinkt. Es ist ein Danach, welches sich nach dem Eintreten der Wirklichkeit vollzieht. Werde ich jemals wieder in die blutige und pulsierende Wirklichkeit entlassen, werde ich aus diesem Raum hinaus- und auf den Weg zurückfinden, auf dem ich hergekommen bin? Y hört mir zu und streicht sich dabei über die großen Fingerknöchel. Ich rede und rede, als wäre ich im Zeugenstand. Ich spreche in Erwartung eines Urteils, ob für oder gegen mich, weiß ich noch nicht. Schließlich öffnet er den Mund, um etwas zu sagen.

Wir müssen jetzt Schluss machen, sagt er.

* *

Z besucht mich. Wir machen einen Spaziergang auf dem Land. Ich hätte gedacht, dass er etwas mitbringt – was, weiß ich auch nicht –, aber er kommt mit leeren Händen. Er ist schweigsam, nervös und größer, als ich ihn in Erinnerung hatte. Jedes Mal wenn ich ihn ansehe, wirkt er verändert. Sein Gesicht und seine Gestalt wandeln sich von Minute zu Minute. Ich kenne ihn nicht. Wenn er etwas mitgebracht hätte, würde ich wenigstens das kennen, doch er scheint sich nicht zeigen zu wollen. Er ist mir ein Rätsel.

Während des Gehens unterhalten wir uns. Beim Reden strauchele ich immer wieder. Es ist, als versuchte ich, eine Stufe hinabzusteigen, aber da ist keine. Ich bin es gewohnt, mit einem anderen zu reden. Z geht schnell; ich muss rennen, um Schritt zu halten. Er sagt, ein Narrativ sei das Danach einer Gewalterfahrung. Es sei ein Mittel, sich mit der Vergangenheit zu versöhnen. Er sagt, die Gewalt in der *Odyssee* sei eine nachträglich in einer Höhle erzählte Geschichte.

Ich will leben, sage ich. Ich will nicht meine Geschichte erzählen. Ich will leben.

Z sagt, die alte Geschichte müsse enden, bevor eine neue beginnen könne.

Wir gehen durch ein offenes Tal, wo sich der warme, raufende Wind über Wiesen aus hohen Gräsern und Wildblumen wälzt. Ein silbriger Fluss zieht sich in trägen Kurven zum Meer hin. Der Ort wirkt friedlich, aber da ist ein Tosen in meinem Kopf. Ich fühle mich mit Spannung aufgeladen, wie der Himmel vor einem Gewitter mit Elektrizität aufgeladen ist. Ich spüre das Herannahen einer großen atmosphärischen Störung. Der Mechanismus des Lebens selbst ist blockiert, die Art und Weise, wie sich Minuten, Stunden und Tage zusammenfügen und die einzelnen Stränge zu Leben verknüpfen, zum Sein er ist blockiert, gedrosselt, kaputt. Das Zetern in meinem Kopf scheint von einem wahnsinnigen Orchester zu kommen, Gongs und Becken dröhnen und krachen. Ich kann das, was ich sehe, höre und fühle, nicht verarbeiten. Die Eindrücke und Empfindungen strömen herein und können nicht wieder hinaus, sie stauen sich im stillen Tal, bis ich das Gefühl habe, platzen zu müssen.

Z und ich fahren schweigend in die Stadt zurück.

* *

In der Nacht rufe ich X an, ich weiß selbst nicht, warum. Ich will einfach nur reden, wie eine Bergsteigerin, die während eines Schneesturms auf dem Gipfel festsitzt und nach Hause telefonieren möchte. Sie hofft auf Rettung, aber sie ist in zu großer Höhe und Entfernung gestrandet, um gerettet zu werden. Vielleicht möchte sie sich nur verabschieden. Die verzweifelte Unruhe, die sie aus dem Haus getrieben hat, weg von den kleinen Freuden und dem Leben auf Meeresspiegelhöhe, verschlingt sie hier oben an diesem kalten und einsamen Ort und bleibt dennoch rätselhaft. Sie ruft an, was sie zurückgelassen hat: ihr Zuhause.

X meldet sich. Unser Gespräch ist, wie Rasierklingen zu kauen oder Natronlauge zu schlucken. Unser Gespräch ist wie ein vergifteter Brunnen, aus dem ich trotzdem trinke.

* *

Ich sage zu Y, die Ehe sei ein Verfahren der Manifestation. Sie absorbiert Unordnung und manifestiert sie als Ordnung. Sie nimmt das Verteilte und fügt es zu einem Einzigen zusammen. Sie greift Chaos, Vielfalt und Verwirrung auf und bringt sie in eine Form.

Y streicht sich über die Fingerknöchel.

Ich sage, die Ehe sei Zivilisation, und jetzt tummelten sich Barbaren in den Ruinen.

Und doch finden wir Ruinen besonders schön, sagt Y.

Anscheinend unterstellt er mir Sentimentalität. Anscheinend verdächtigt er mich der Nostalgie.

Die Menschen stürzen ihre Regierung, und später dann wollen sie sie zurück, sage ich. Sie verjagen den Diktator, aber dann wissen sie nicht, was sie mit sich anfangen sollen. Sie beklagen sich über das Chaos, und dass es kein Recht und keine Ordnung mehr gibt.

Beim Wort »Diktator« zieht Y die Augenbrauen hoch.

Ich schildere meinen Spaziergang mit Z. Falls ich auf der Suche nach einem neuen Diktator war, hat Z die Stelle nicht bekommen. Ich erzähle, dass ich Z durch mein Haus geführt, Blumen gekauft und ihm ein schönes Mittagessen gekocht habe, wie ein kleines Land, das sich um eine Invasion bewirbt. Ich erzähle von dem Tal, dem schönsten im Umkreis von vielen Kilometern, durchzogen von einem silbrigen Band, und dass ich es Z so stolz zeigte, als hätte ich es selbst gemacht.

Und trotzdem klemmte der Mechanismus, und das Gestrick und Gewebe des Lebens verknotete sich im Wahnsinn.

Ist es männliche Aufmerksamkeit, die ich suche, oder männliche Autorität?

Gibt es da einen Unterschied?, fragt Y und krault sich den Bart.

Z hat meine Vision bedient, aber er wollte sie nicht in Besitz nehmen. Er hat sich schweigend zurückgezogen, und so blieb es mein Haus, mein Tal.

* *

X redet. X ist ein Vielredner. Er ist wie ein gut beschildertes Museum: Man findet sich leicht zurecht und kann sehen, was er zeigen möchte. Mittlerweile ist dort alles neu – die Menschen, die Meinungen, die Vorlieben. Die alten wurden offenbar ins Depot gebracht, im Dunkeln weggeschlossen und der Willkür von Schimmel und Nässe ausgeliefert.

Er möchte nicht, dass ich ihn besuche. Er will nicht mehr mit mir reden. Die Museumswärter folgen mir;

möglicherweise vermuten sie, dass ich etwas stehlen oder beschädigen werde. Ich frage immer wieder nach Stücken, die nicht mehr Teil der Sammlung sind. X legt die Stirn in Falten, als hätte er Mühe, sich an diese Vergangenheit zu erinnern, auf die ich mich beharrlich beziehe. Bei der ersten Gelegenheit geleitet er mich zum Ausgang. Die große, schöne Museumstür, auf Hochglanz poliert und beruhigend schwer, wird mir vor der Nase zugeschlagen.

* *

Z bringt seinen Werkzeugkasten mit. Er repariert die kaputte Dusche, die rostigen Fahrräder und das Rohr, aus dem das Wasser in die Küchenwand läuft.

Sind das alles Rechnungen?, fragt er.

Keine Ahnung, sage ich. Ich will sie nicht aufmachen. Ich will leben.

Z öffnet einen der Umschläge und liest. Er zieht die Augenbrauen hoch, lächelt kurz.

Ein Strafzettel für zu schnelles Fahren, sagt er.

* *

Zunächst entsteht das Gefühl einer Verlangsamung, eines kopflosen Kraftverlustes, als wäre plötzlich der Tank leer. Ich fühle mich, als hätte ich mitten im Nirgendwo eine Panne. Alles ist ruhig und fremd. Ich weiß nicht, wo ich bin. Ich höre ein Flüstern, sehe einen Lichtschimmer und ein Kräuseln auf der Wasseroberfläche. Der silbrige Fluss strömt lautlos durch sein Bett, die Binsen wiegen sich raschelnd, die Wiese löst sich in der Unschärfe der fortschreitenden Dämmerung auf. Die Dunkelheit kommt, die Nacht, und ich bin weit weg von zu Hause. In der Ferne ist das weiche, ruhige Meer zu sehen. Es schimmert und verblasst, als der Tag sich verzieht. Die blaue Dämmerung wird tiefer, die Nacht senkt sich herab. Entlang der Küste gibt es noch andere Orte, Häuser und Städte, aber erst in der Dunkelheit kann ich sie erkennen. Die fernen Lichtpunkte liegen angehäuft da wie Glut in der Finsternis; sie sind dort und ich bin hier.

Der Baum vor Ys Grundstück trägt jetzt Äpfel. Sie sind in ebenso erstaunlicher Überzahl vorhanden, wie die Blüten es waren, nur eben rund, hart und schwer, die Schwangerschaft nach dem weißen Taumel der Brautromantik. Y will wissen, woher meine Grausamkeit kommt und warum ich so sehr daran hänge. Grausamkeit ist ein Aspekt von Zivilisation, sage ich. Grausamkeit ist Teil der Macht, sie ist wie eine Armee: Man schickt sie los, wenn es nötig ist. Aber Ihre Grausamkeit richtet sich ausschließlich gegen Sie selbst, sagt er. Ich lache. Er ist unzufrieden. Warum lachen Sie?, fragt er schroff. Ich sage ihm, dass ich für die Lehre der Selbstliebe keine Zeit habe. Die Selbstliebe ist ein windstiller, urzeitlicher Sumpf, in dem ich nicht festsitzen will. Was er Grausamkeit nennt, ist für mich die Kunst der Selbstkritik. Eine Frau, die sich selbst liebt, ist schutzlos. Sie wird überfallen, in Ketten gelegt und dort im Ursumpf zurückgelassen, wo sie sich um den Verstand lieben kann.

Y schaut auf seine Uhr. Wir müssen jetzt Schluss machen, sagt er.

* *

Ich gehe mit Z ins Kino, und danach sage ich etwas über den Film, das er nicht versteht. Ich wiederhole es, und dann sage ich es auf eine andere Weise, aber er kann mich immer noch nicht verstehen, kann meine Aussage nicht begreifen. Plötzlich wird mir klar, dass ich die Fähigkeit zu kommunizieren verloren habe. Der Verlust fühlt sich greifbar an, als wäre ich in ein Flugzeug gestiegen und in ein Land gereist, dessen Einwohner meine Sprache nicht sprechen.

Z lebt allein. Seine Wohnung ist schlicht möbliert und von bescheidener Größe. In meinem Haus sitze ich niemals still, ich stürme von oben nach unten, wieder zurück und von Raum zu Raum wie ein Dynamo, der von einem elementaren Gefühl der Angst immer weiter gedreht wird. Ich versuche, das Haus am Leben zu erhalten. Ich fürchte, es könnte in Vergessenheit geraten und im nächsten Augenblick zu einer Ruine verfallen. Gelegentlich fühlt es sich an, als bewohnte ich eine Fata Morgana oder eine Projektion: Das echte Haus ist weg, doch die Kinder ahnen nichts, sie merken nicht, dass ich wie der Zauberer von Oz hinter einem Vorhang stehe, verzweifelt auf Knöpfe drücke und in Mikrofone spreche, um die Illusion in Gang zu halten. In Zs Wohnung bewege ich mich kaum. Ich kann nicht: Es gibt keine Zimmer, in die man gehen könnte. Ich beobachte, wie das Licht sich durch den Raum schiebt und verändert. Ich lausche auf leise Geräusche von außen. Ich werde mir meiner selbst bewusst und bin mir viel zu nah, wie eine Fremde, die sich in einem leeren Abteil direkt neben mich gesetzt hat.

Z wartet darauf, dass die Wolke des Kinobesuchs vorüberzieht und das Zetern nachlässt. Er kocht, lässt mir ein

Bad ein und gibt mir ein Buch. Er reagiert so empfindlich auf die Ereignisse wie Binsen auf eine Windbö. In seiner Wohnung ist es still. Dort ändert sich nie etwas. Bei meinen Besuchen finde ich alles genauso vor, wie ich es zurückgelassen habe. Er sagt, manchmal müsse man etwas aussprechen, um es zu verstehen. Für dich ist reden eine Art denken, sagt er, als würde man auf einem Stück Papier eine Summe zusammenrechnen. Du kannst nicht erwarten, dass alle dich immer verstehen. Aber ich möchte, dass du weißt, was ich meine, sage ich. Ich auch, sagt er. Ich möchte auch wissen, was du meinst.

Es ist spät am Abend, zu spät, um vor etwas davonzulaufen, dessen Natur man ohnehin nicht erkennen kann. Es ist nur ein Umriss in der Dunkelheit; ob Verständnis oder das Gegenteil davon, kann ich nicht beurteilen.

* *

Y sagt, meine Beziehung zu ihm sei deswegen so hilfreich, weil sie niemals sexuell sein könne. Er behauptet, die Tatsache entlaste mich. Er sagt, dass ich mich aus diesem Grund bei ihm sicher fühle.

Wenn ich bei Y bin, spreche ich viel über X. Nach einer Weile merke ich, dass ich zögere, Z zu erwähnen. In der Neutralität von Ys Sprechzimmer wurde die ganze blutbefleckte Vergangenheit aufgeklärt, der Krieg mit X, die Ursachen und die entscheidenden Schlachten, die Momente des Dramas und der Scham, doch von Z wird sehr wenig gesagt. Anscheinend möchte ich die Stille um Z herum bewahren. Der alte Krieg kann in Worte gefasst werden, aber eine lebendige Stille sollte man nicht stören. Dort könnte etwas wachsen, wie ein Samen in frisch gepflügter Erde. Woche für Woche sitze ich bei Y wie Odysseus in seiner Höhle und verarbeite die gewalttätige Vergangenheit in zahllosen Gesprächen. Die Gegenwart spricht, doch was kann man über die Zukunft schon sagen?

Der Apfelbaum hat seine Blätter abgeworfen. Nach den scheinbar endlosen, dröhnenden, trockenen Sommertagen hat es angefangen zu regnen. Die Fahrt zu Ys Haus dauert jetzt länger, die Scheiben sind nass von Kondenswasser, die Lastwagen versprühen einen feinen Schlamm und der schwere Himmel hängt voller eisengrauer Wolken. In der Sackgasse fegen Windstöße zwischen den Bäumen und Häusern durch. Zuweilen frage ich mich, warum ich überhaupt noch herkomme, wenn alle Besuche sich ähnlich und zudem erzwungen anfühlen. Jede Woche hierherkommen zu müssen, erscheint mir manchmal wie das größte meiner Probleme. Ich bin wie ein einsamer Mann, der ein Bordell besucht; ich gebe Geld aus und bezahle für Verständnis, wie andere Leute für Liebe bezahlen. Und so wie das, was sie erhalten, keine Liebe ist, ist auch dies kein Verständnis. Was ist es dann?

Sicher würde Y sagen, dass mein Widerstand gegen die Psychoanalyse vorhersehbar war und aufschlussreich ist und dass die Rebellion durch genau das herbeigeführt wurde, wogegen ich rebelliere. Gelegentlich sprechen wir darüber, wie die Therapie beendet werden könnte, aber für mich klingt es jedes Mal so langwierig und schleppend wie Sterben; der Vorgang geschieht nicht aus freien Stücken, sondern gehorcht übergeordneten Gesetzen der

Entstehung und des Aufhörens, denen wir anscheinend ausgeliefert sind.

Ich spreche den Gedanken nicht aus. Ohne es zu merken, hat Y aus seinem Wortgeflecht heraus die Existenz eines nonverbalen Universums angedeutet, und ich beabsichtige, dort zu leben.

* *

Liebe, sagt Z. Willst du dieses Wort benutzen?

Mach mir etwas, sage ich. Gib mir etwas. Bring mir etwas. Nicht Liebe, oder zumindest nicht nur Liebe.

Z seufzt, schüttelt den Kopf und erinnert mich daran, dass ich den Strafzettel noch bezahlen muss. Ich lehne mich an. Seine Haut ist immer so warm. In seiner Nähe fühlt es sich an, als würde ich an einem Feuer sitzen, doch wenn ich mich von ihm entferne, ist er nur eine reflektierende Oberfläche, ähnlich dem Meer bei einem bestimmten Wetter. Ich beobachte ihn, ich schaue zu, wie das Licht über ihn hinweggeht und die Oberfläche sich kräuselt. Die Uhren werden zurückgestellt und die Tage werden dunkler, aber das Meer behält sein Licht. Ich kaufe mir einen Mantel, weil jetzt Winter ist.

Züge

In der Stadt, aus der sie kam, hatte sie immer das Gefühl, es würden mehr Menschen auf den Friedhöfen liegen als auf zwei Beinen durch die Straßen laufen. In dieser Stadt waren die Friedhöfe größer als die Parks. Die flache, sich ringsum erstreckende Landschaft wurde von Hochgeschwindigkeitszügen durchquert – Paris–Antwerpen, Zürich–Brüssel –, in denen ebenfalls keine lebendigen Menschen zu sitzen schienen. Sie schossen hinter langen Reihen aus Grabsteinen vorbei, verzerrt von der Geschwindigkeit und so schnell, dass es fast wirkte, als stünden auch sie vollkommen still.

Eines Tages stieg sie selbst in einen Zug, und auf einmal war es der Ort, der sich bewegte. Sie saß neben ihrem Koffer und starrte aus dem Fenster, während sich alles von ihr wegbewegte, die grauen Häuser und die regenverdunkelten Straßen, die Betonwerke, der Friedhof und der tief hangende, zerfurchte Himmel; weg von ihr wie ein Fremder, der ohne ein Zeichen des Wiedererkennens oder der Reue auf dem Bürgersteig an ihr vorübergeht.

* *

Sie hat Angst. Sie dachte, an dem neuen Ort würde sie sich frei fühlen, aber so ist es nicht. Sie fühlt sich wie in Ketten gelegt, und jede noch so kleine Bewegung ist auf der ganzen Länge ihrer Fesseln spürbar.

Der Mann hat sie vom Bahnhof abgeholt. Willkommen in England, sagte er, und dann fielen die Sätze aus ihm heraus wie ein Wasserfall, der über eine Klippe stürzt. Er war gekleidet wie ein junger Mensch, Lederjacke und rote Turnschuhe. Während der Autofahrt verstand sie fast nichts von dem, was er sagte. Sie saß neben ihm wie erstarrt. Es kam ihr vor, als wäre das Auto von Lärm erfüllt, von einem verrückten Krachen und Klopfen und Schreien, das der Mann offenbar nicht hören konnte. Sie saß stocksteif auf ihrem Sitz und warf ihm, während er sprach, verstohlene Blicke zu.

Aus dem Fenster sah sie steile Straßen mit weißen Häuserzeilen, davor geparkte Autos und riesige Vögel, die auf den Gehwegen im Abfall pickten. Sie stieg aus dem Auto und legte den Kopf in den Nacken. Der Himmel war von dahinjagenden Wolken bedeckt und viel höher als zu Hause. Sie folgte dem Mann die Treppe hinauf an die Haustür und wartete, während er in seinen Taschen nach dem Schlüssel suchte. Im Flur kam ihnen die Frau entgegen. Es blieb keine Zeit, sie richtig wahrzunehmen, denn sie beugte sich sofort herunter und erschreckte Sonia mit zwei Wangenküssen. Sie nahm ihr die Tasche ab, eine kleine Handtasche mit einer Kette aus quadratischen Goldgliedern, und legte sie auf ein Tischchen im Flur. Sie stellte Fragen. Tee, wollte Sonia eine Tasse Tee? Sonia schüttelte den Kopf. Die Frau drehte sich um, stieg die Treppe hinauf und redete ohne Unterbrechung. Sonia folgte ihr. Die Frau öffnete eine Tür zu einem Zimmer mit Bett, Kleiderschrank und Schreibtisch. Sonia trat ein. Die Frau sagte etwas zu ihr, schloss die Tür und ging weg.

Sonia stand da, in ihrem Mantel. Sie brauchte ihre Handtasche, aber die war unten. Sie wollte rauchen. Sie trat ans Fenster und sah hinaus. Da war ein kleiner Garten, Blumen, ein Baum. Es klopfte an die Tür, der Mann brachte ihren Koffer herein. Er stellte ihn neben das Bett und verschwand wieder. Sonia stand da, in ihrem Mantel, und wartete.

* *

»Wie ist es?«, fragte Kurt am Telefon. »Wie ist es so? Wie ist das Haus?«

»Groß«, sagte sie.

»Hast du ihnen die Geschenke gegeben?«

Kurt hatte ihr bei der Auswahl der Geschenke geholfen. Sie waren extra zum Gemischtwarenladen gefahren, wo es Zeitungen und Zigaretten gab, und Lebensmittel, die ein Jahr lang im Regal stehen konnten, ohne schlecht zu werden. Sie wählte zwei Schlüsselanhänger für die Kinder aus, und für die Eltern ein Glas mit sauer eingelegtem Gemüse; auf alle Fälle das Richtige, sagte Kurt, egal, wie es schmecken würde, denn es war die regionale Spezialität.

»Natürlich«, sagte sie.

»Und die Kinder? Wie sind sie?«

Die Kinder hatte sie eigentlich kaum beachtet. Sie fühlte sich selbst wie ein Kind. Beim Abendessen konnte sie weder essen noch sprechen. Sie saßen alle zusammen um den Tisch herum, Vater, Mutter, die beiden Kinder und sie. Die beiden Mädchen erschienen ihr fast wie Rivalinnen, zwei verschwommene Gestalten am anderen Ende der Tafel, fremde Wesen, die mit ihr um das Angebot konkurrierten, oder um die Wahrnehmung. Etwas passierte ihr, gleichzeitig schienen die anderen zu glauben, dass auch ihnen etwas passierte. Die Frau hörte nicht auf, dem jüngeren Kind über den Kopf zu streichen, und manchmal nahm sie es auf den Schoß. Nach dem Essen stand die Frau auf und räumte die Teller ab. Sonia zögerte, dann erhob sie sich und fing an, das Geschirr zur Spüle zu tragen. Die Frau wirkte erfreut. Oh, danke, sagte sie.

»Sie sind ganz okay«, sagte sie zu Kurt. Sie erzählte ihm, sie habe beim Abwasch geholfen.

»Gut«, sagte er. »Das ist gut. Denk dran, du bist da, um zu helfen. Du wirst dich noch an alles gewöhnen. Der Anfang ist immer schwer. Alles ist fremd, sicher hast du Heimweh.«

Sie schwieg. Sie sagte ihm nicht, dass es der Gedanke an zu Hause war, der sie krank machte. Das lähmende Entsetzen, das sie fühlte, war das Gegenteil von Heimweh. Es wurde von der Befürchtung genährt, dass es für sie nichts anderes mehr geben könnte; dass sie in die Welt hinausgegangen war und nun deren Fremdheit und Gleichgültigkeit zu spüren bekam wie einen Faustschlag ins Gesicht.

»Morgen wird alles besser aussehen«, sagte Kurt. »Ich rufe am Abend noch mal an, zur selben Zeit, wenn ich Pause habe.«

Kurt arbeitete den Sommer über in einer Hühnerfabrik. Er arbeitete nachts, weil die Bezahlung besser war. Auf seiner Höhe des Fließbandes wurden die Innereien herausgenommen, in einen kleinen Plastikbeutel gesteckt, versiegelt und wieder in das Huhn zurückgestopft. Wie

Bildung, sagte Sonia. Sie lag auf dem Bett, sah die Dunkelheit hinter dem Fenster und spürte das warme Metall ihres Handys am Ohr. Sie hatte die Englischprüfung nicht bestanden, ohne die sie ihre Ausbildung nicht abschließen konnte. Ein Semester auszusetzen und an diesen Ort zu kommen, war Kurts Idee gewesen. Du lebst kostenfrei, sagte er. Du wohnst bei einer Familie und hilfst im Haushalt mit, und wenn du wieder da bist, sprichst du Englisch. Sie sagte nicht: Wenn ich Englisch sprechen würde, käme ich überhaupt nicht mehr zurück.

»In Ordnung«, sagte sie. Sie hatte ihm keine einzige Gegenfrage gestellt. In ihrer Handtasche waren Tabletten, gleich würde sie zwei davon nehmen, um einschlafen zu können. »Mach's gut.«

* *

Das Haus ist groß. Es gibt Zimmer, in denen niemand sich aufhält, voller Gemälde und antiker Möbel wie in einem Museum. Sie schaut hinein, betritt sie aber nicht. Sie geht nach unten und direkt in den Garten, um eine Zigarette zu rauchen.

Später verlässt sie das Haus und sieht sich die Stadt an. Die Frau hat die Kinder zur Schule gebracht. Sie sagt, eines Tages solle Sonia das erledigen, doch vorläufig werde sie es selbst tun. Sonia versteht die Frau besser als den Mann, allerdings scheint die Frau über Dinge zu sprechen, die es nicht gibt. Was sie absondert, sind nicht nur Worte; es ist, als könnte ihre Haut sie nicht komplett umschließen. Es läuft aus ihr heraus, und Sonia sieht die Pfütze. Sie kann das Gemeinte sehen, und sie kann es auch hören. Die Frau spricht über die Zukunft und die

Vergangenheit, aber was sie jetzt in diesem Moment will, wird nicht klar. Also verlässt Sonia das Haus und geht spazieren.

Im Stadtzentrum gibt es unzählige Läden, die eine ganz eigene Lärmkulisse erzeugen. Dort herrscht ein Krisengefühl, fast eine Panik: überall geöffnete Glastüren und laute Musik, und auf den Gehwegen wimmelt es von Menschen. Die Geschäfte sind riesig wie Höhlen, Sonia bleibt vor den Eingängen stehen und wird von Passanten angerempelt. Sie beobachtet die Kundinnen, die sich mit der Unbefangenheit von Plünderern durch die Gänge bewegen, Waren in die Hand nehmen und wieder weglegen. An den Kassen haben sich lange Schlangen gebildet. Sonia weiß nicht, ob das, was sie sieht, Armut ist oder Luxus.

Sie schaut sich das Meer an. Am Strand geht es ruhiger zu. Die Leute führen ihre Hunde spazieren, das Wasser ist grau und vom Wind gepeitscht. Sonia setzt sich auf den Kies und raucht. Ein Mann nähert sich, er ist jung und dünn und trägt eine schwarze Hose und ein schwarzes T-Shirt mit dem aufgedruckten Bild eines Wolfes. Er bittet sie um eine Zigarette, sie unterhalten sich eine Weile. Sie ist überrascht, dass ihre englischen Wörter funktionieren und der junge Mann sie versteht. Er sitzt ziemlich dicht neben ihr auf dem Kies und beobachtet ihr Gesicht, während sie spricht. Er scheint sich für sie zu interessieren, aber das Gefühl ist unangenehm, wie eine Nadel, die in eine Vene sticht. Sein Gesicht ist blass, er hat grüne Augen und lange, schwarze Wimpern. Sie erzählt ihm ein wenig von ihrer Familie und ihrer Heimatstadt. Als er erwähnt, dass er aus Litauen kommt, will sie sofort aufstehen und gehen. Sie hatte ihn für einen Engländer gehalten, aber jetzt weiß sie, dass sein Interesse das eines verlorenen Jungen ist, eines einsamen Menschen, der ihre Einsamkeit erkannt hat, als wäre sie ihr ins Gesicht geschrieben.

Auf dem Heimweg geht sie durch eine Seitenstraße und entdeckt einen Laden, dessen Schaufenster mit seltsamen Bildern geschmückt ist – grüblerische, schwarz umrandete Blumen, Rosen, aus denen Blut tropft, Schlangen, die sich um Messerklingen winden. Ein Tattoo-Studio. Sonia bleibt lange Zeit vor dem Schaufenster stehen, dann geht sie nach Hause.

* *

Sonia, sagt die Frau, ich brauche dich. Diesen Satz hat Sonia verstanden: Sie kennt die Worte von einem amerikanischen Song, der zu Hause in den Bars gespielt wird. Der Rest ist schwerer zu erfassen. Die Frau möchte offenbar, dass sie einkaufen geht. Sie schreibt eine Liste, zeichnet eine Karte und markiert den Supermarkt mit einem X. Sie gibt Sonia Geld, große Scheine mit eingearbeitetem Silberfaden.

Sonia verbringt viel Zeit in dem Supermarkt. Der Supermarkt ist schön, sie fühlt sich dort wohl. Sie sieht sich die Lebensmittel an, schlendert durch die Gänge und berührt Dinge. Zu Hause hat sie oft für ihre Mutter eingekauft. Der Supermarkt war weit entfernt, sie musste mit den Einkaufstüten Bus fahren. Sie brachte sie in die Küche, wo ihre Mutter und ihr Stiefvater meistens rauchend und Kaffee trinkend herumsaßen. Sie haben sich nie bedankt, haben Sonia kaum beachtet.

Aber die Frau bedankt sich. Sie überschlägt sich geradezu. Sehr gut, sagt sie. Gut gemacht. Hast du dich verlaufen? Sie tippt auf die Uhr an ihrem Handgelenk, zeigt Sonia die Zeit. Sonia war drei Stunden weg. Ich habe mir Sorgen gemacht, sagt die Frau. Ich hatte Angst, du könntest dich verlaufen haben.

Sonia geht in ihr Zimmer und legt sich aufs Bett. Sie hat sich eine Tüte Brownies aus dem Supermarkt mitgebracht. Es sind so viele, dass sie beim Essen nicht befürchten muss, das Vergnügen könnte bald enden, aber dann auf einmal endet es doch und die Tüte ist leer. Draußen wird es langsam dunkel. Sonia macht kein Licht. Sie wird schläfrig. Sie liegt bekleidet auf dem Bett und döst. Als jemand anklopft, schreckt sie hoch; sie muss eingeschlafen sein. Die Frau ruft ihren Namen durch die geschlossene Tür. Sonia rappelt sich benommen auf. Ja?, fragt sie durch die Tür. Das fremde Wort fällt ihr auf seltsame Weise aus dem Mund. Die Frau bittet sie, nach unten zu kommen. Ich brauche dich, sagt sie.

* *

Die beiden kleinen Mädchen reden kaum mit ihr, und sie redet nicht mit ihnen. Sie sitzt auf einem Stuhl in der Ecke, während die Kinder tun, was immer sie tun. Sie liest eine Zeitschrift. Wenn die Kinder sich streiten, fällt es Sonia schwer, sich aufs Lesen zu konzentrieren. Die Zeitschrift ist englisch, die Wörter scheuern in den Augen wie Splitt.

Die Frau kommt regelmäßig herein und verschwindet wieder. Offenbar sucht sie etwas. Sie runzelt fortwährend die Stirn. Wenn sie vorbeigeht, strecken die Kinder die Arme aus wie Ertrinkende. Sonia, sagt sie. Sonia.

Abends hört sie den Mann und die Frau reden. Ihr Gespräch endet nie. Sonia fragt sich, wie zwei Menschen einander so viel zu sagen haben können. Und dann auch noch auf Englisch – sie weiß, für die beiden ist das kein Problem, trotzdem ist sie schon vom Zuhören erschöpft. Inzwischen nimmt sie abends drei Tabletten statt zwei. Den ganzen Tag über ist sie wie zerschlagen, und nachts schlittert sie durch ein Chaos; Lichter drehen sich in ihrem Kopf, während sie durch eine zersplitterte Dunkelheit geschleudert wird. Kurt sagt, ihr Verstand habe wohl Schwierigkeiten, die vielen neuen Informationen zu verarbeiten. Er sagt, es würde vorbeigehen. Er will wissen, ob sie schon auf Englisch denkt.

* *

Die Frau ist nicht mehr zufrieden mit ihr.

Sonia, sagt sie, wir müssen reden.

Später vielleicht, sagt Sonia.

Es ist früh am Morgen und sie ist von den Tabletten so benebelt, dass sie kaum das Kaffeepulver sehen kann, das sie in ihre Tasse löffelt.

Ich bringe jetzt die Kinder zur Schule, sagt die Frau. Ihre Stimme klingt wie gesprungenes Glas. Wenn ich zurück bin, möchte ich reden.

Sonia bleibt im Pyjama am Küchentisch sitzen und wartet. In einem der Schränke hat sie eine riesige Tasse gefunden, aus der sie nun ihren Kaffee trinkt. Sie ist so groß wie eine Schüssel. Sonia nimmt nur wenig Pulver und füllt den Kaffee bis an den Rand mit heißem, süßlichem Milchschaum auf. Es dauert sehr lange, die Tasse zu leeren. Manchmal macht sie sich eine zweite und setzt sich wieder an den Tisch. Die Küche ist schön, sie sitzt gern hier und trinkt Kaffee. Manchmal den ganzen Vormittag lang.

Die Frau ist zurück. Sie runzelt die Stirn. Sie sagt: Du musst dich morgens anziehen. Du musst aufstehen und dich anziehen.

Ich bin so müde, sagt Sonia.

Ich möchte, dass du um acht Uhr morgens aufstehst, dich anziehst und herunterkommst, sagt die Frau. Ich möchte, dass du mir hilfst.

Sonia schweigt.

Du solltest dich mit den Kindern anfreunden, sagt sie. Das ist nicht ihre Aufgabe, sondern deine.

Sonia schweigt.

Ich möchte, dass du kochst, sagt die Frau. Ich möchte, dass du das Abendessen zubereitest. Ich möchte, dass du die Wäsche machst und dass du hier aufräumst.

Sonia starrt sie an. Ihre Augen fühlen sich sehr weit geöffnet an. Sie kann sie weder schließen, noch kann sie wegschauen.

Du musst das tun, sagt die Frau, oder du gehst zurück nach Hause.

* *

Der Mann verreist. Die Frau sagt, er werde für eine Woche fortbleiben. Am Abend sieht Sonia sie durch die halb geöffnete Wohnzimmertür. Sie sitzt allein da, raucht und starrt ins Nichts.

Sonia nimmt vier Tabletten und wird am Morgen durch lautes Klopfen an der Schlafzimmertür geweckt. Sie ist zu weit weg, um zu reagieren. Sie kann Möwen hören, die irgendwo in der Ferne schreien. Sie versinkt abermals in einem schwarz umrandeten Schlaf. Nach einer Weile hebt das Klopfen von Neuem an.

Ja, sagt sie heiser.

Steh auf, sagt die Frau durch die geschlossene Tür. Sofort.

Als Sonia nach unten kommt, wischt die Frau gerade den Küchenboden. Sie taucht den Mopp in einen Eimer und klatscht ihn auf die Fliesen. Sie rammt ihn in die Ecken. Sie scheint nur noch aus harten Kanten und finsteren Blicken zu bestehen, und zum ersten Mal seit ihrer Ankunft erkennt Sonia etwas wieder: Wut.

Was ist los mit dir?, fragt die Frau. Warum kannst du nicht aufstehen?

Tabletten. Ich nehme Tabletten, sagt Sonia.

Was für Tabletten?

Vom Arzt. Sie machen mich müde.

Wogegen nimmst du sie? Warum hat dir der Arzt Tabletten verschrieben?

Ich war im Krankenhaus, sagt Sonia. Es ist schon lange her.

Warum warst du im Krankenhaus?

Sonia reißt die Augen auf. Im Kontakt mit dieser scharfkantigen, harten Wut fühlt sie sich plötzlich sehr weich. Sie ist erleichtert.

Ich habe mich selbst verletzt, sagt sie.

Mit Absicht?

Sonia schweigt. Sie will lächeln, lachen, tanzen, aber sie fühlt sich so herrlich weich, dass sie nichts tun kann als nachgeben. Sie nickt schwach.

Wie lange warst du dort? Im Krankenhaus?

Ein Jahr, sagt Sonia. Mit sechzehn.

Okay, sagt die Frau und schüttelt den Kopf. Okay.

Der Mann war im Zug in ihr Abteil gekommen. Sie war auf dem Weg ins Internat, weil ihre Mutter der Meinung war, sie könne nicht mehr zu Hause wohnen. Es war eine dieser Schulen, wo man isst und schläft. Da wollte sie hin. Der Mann unterhielt sich mit ihr, während hinter den Fenstern des dahinrasenden Waggons die Dunkelheit aufzog und sich auf dem flachen Ödland ausbreitete wie schwarzer Nebel. Gelegentlich tauchten die gespenstischen Umrisse einer dunklen Fabrik daraus auf und verschwanden wieder. Der Mann mit der Nickelbrille und den grauen Schläfen erinnerte sie an ihren Vater. Er verriegelte die Abteiltür, packte ihren Pferdeschwanz und drehte ihn sich auf die Faust auf, und dann zog er daran, so ruckartig, dass sie glaubte, ihr Genick würde brechen.

Das hätte man mir sagen sollen, murmelt die Frau. Sie hält die Arme fest vor der Brust verschränkt. Sie starrt aus dem Fenster in den Garten. Findest du nicht, dass man mir das hätte sagen sollen?

Am Ende musste der Mann ins Gefängnis. Ihre Mutter sagte, es sei eine schreckliche Sache, das Leben eines Mannes zu ruinieren. Sie war der Meinung, Sonia habe ihn provoziert. Deswegen schnitt Sonia sich eines Abends die Handgelenke auf, und zur Sicherheit auch noch die Unterarme. Sie wurde in eine psychiatrische Klinik gebracht, und dort lernte sie Kurt kennen.

Ich werde die Agentur anrufen, sagt die Frau. Es tut mir leid, aber du musst zurück nach Hause.

Ich kann nicht nach Hause, sagt Sonia. Ich kann nirgendwo hin.

Es tut mir leid, sagt die Frau noch einmal. Sie schaut auf ihre Uhr. Gott, ich muss los, sagt sie. Ich muss die Kinder abholen und bin spät dran.

Sie eilt davon, Sonia hört die Haustür zufallen. Nach einer Weile geht sie hinaus, um eine Zigarette zu rauchen. Der Himmel ist eisengrau und schwer. Eine Windbö schlägt die Küchentür zu. Während sie raucht, scheint sich eine Art Finsternis über den Garten zu schieben und ihn zu überragen wie eine schwarze Klippe. Sonia drückt die Zigarette aus. Der Regen fällt hart und schnell. Die Tür ist nur ein paar Schritte entfernt, aber als Sonia wieder in der Küche steht, ist sie nass.

Wenig später hört sie, wie die Haustür aufgeschlossen wird, dazu Schritte und Stimmen im Flur. Sonia verlässt ihr Zimmer. Die Frau steht mit den beiden Kindern unten im Flur. Das Wasser tropft von allen dreien auf den Boden. Die Frau trägt nur ein T-Shirt, es ist so nass, dass Sonia ihre Haut zu sehen glaubt. Das jüngere Kind trägt den Mantel der Frau, das ältere hält ihren Regenschirm. Aus den Haaren der Frau rinnt Wasser. Sie zittert so heftig, dass ihre Zähne aufeinanderschlagen. Sie versucht zu sprechen.

Ich, sagt sie. Ich.

Dann steigt sie die Treppe hoch, sehr langsam und vom Zittern geschüttelt. Sie geht wortlos an Sonia vorbei und zieht eine Wasserspur hinter sich her. Die Kinder stehen noch immer unten im Flur und starren herauf. Die Frau verschwindet im Schlafzimmer und zieht die Tür hinter sich zu.

* *

Sonia kocht Nudeln in Sahnesauce, wie ihre Großmutter früher, als sie noch klein war. Ihre Großmutter wohnte in einem großen Haus auf dem Land, Sonia verbrachte die Schulferien dort. Sonia liebt ihre Großmutter sehr. Sie reibt jede Menge Käse auf die Nudeln. Sie fürchtet, die Kinder könnten das Gericht nicht mögen, doch sie essen alles auf.

Die Frau kommt nicht wieder herunter. Nach dem Abendessen geht Sonia nach oben und klopft an die Schlafzimmertür. Keine Reaktion. Nach einer Weile schiebt sie die Tür einen Spalt breit auf. Die Frau liegt im Bett und schläft. Ihr verworrenes, über das Kissen gebreitetes Haar ist feucht. Sonia holt die Kinder nach oben, lässt ihnen ein Bad ein und sucht in den Zimmern nach den Pyjamas. Als die Mädchen versuchen, ins Schlafzimmer zu gehen, hält sie sie zurück. Eure Mama schläft, sagt sie. Um Mitternacht wirft sie abermals einen Blick hinein. Die Frau liegt immer noch genauso da und schläft, nur dass sie die Decke von sich geschoben hat. Sie trägt immer noch dieselbe nasse Kleidung.

Sonia stellt sich den Handywecker. Sie will ihre Tabletten nehmen, überlegt es sich dann anders. Vor dem Frühstück schaut sie bei der Frau herein, die mit geöffneten Augen im Bett liegt. Ihr Augenweiß ist gelb. Sie versucht zu sprechen. Wasser, sagt sie. Sonia holt einen Krug Wasser und ein Glas und stellt beides neben das Bett. Die Frau stützt sich auf den Ellbogen, um zu trinken. Das Glas zittert heftig in ihrer Hand, das Wasser verläuft. Sie lässt sich aufs Kissen zurücksinken. Sie versucht, etwas zu sagen, aber ihre Augen fallen immer wieder zu. Sonia geht nach unten, wo die Kinder auf sie warten. Die Jüngere bittet sie, ihr die Haare zu kämmen. Sonia bürstet ihr Haar und flicht es zu einem Bauernzopf. Das kleine Mädchen geht in den Flur, um sich im Spiegel zu betrachten, und als es zurückkommt, wirkt es sehr zufrieden.

Die Kinder zeigen ihr den Weg zur Schule. Am Tor ist sich Sonia nicht sicher, was sie tun soll. Bevor sie auf den Hof rennen, umarmt sie die Mädchen ungelenk.

* *

Der Mann ruft an. Sonia erklärt ihm, dass die Frau krank ist. Oje, sagt er. Er fragt sie, ob sie es alleine schaffe. Natürlich, sagt Sonia. Das ist großartig, sagt er. Ich kann hier jetzt nicht weg. Du bist uns eine echte Hilfe.

Die Frau verbringt viele Stunden im Bett. Manchmal kann sie sprechen, manchmal nicht. Die Kinder, sagt sie. Zwischendurch bemerkt Sonia, dass die Laken völlig durchnässt sind. Die Frau hat Fieber. Sonia bringt ihr Wasser. Kurt ruft an, und sie beschreibt ihm die Symptome der Frau. Lungenentzündung, sagt er ohne Zögern. Nach der Schule möchten die Kinder ihre Mutter sehen. Sonia erklärt ihnen, dass ihre Mutter krank ist und Ruhe braucht. Sie backt ihnen Lebkuchen mit einer speziellen Frischkäseglasur. Die Mädchen wollen die Glasur selbst umrühren, Sonia lässt sie gewähren. Als die Kinder am nächsten Tag in der Schule sind, geht Sonia in die Stadt. Sie läuft zum Supermarkt und kauft, was ihr gefällt. Sie geht in die Läden und probiert Kleidung an. Sie kommt am Tattoo-Studio vorbei, bleibt stehen und betrachtet die Motive im Schaufenster. Dann, nach einer Weile, öffnet sie die Tür und geht hinein.

Der Mann hinter dem Tresen liest Zeitung. Er hat dicke Ringe in den Ohren. Sonia starrt sie an, um nicht den Rest seines Körpers anstarren zu müssen. Seine Haut ist wie ein Dschungel, wie Efeu. Das Muster zieht sich bis an sein Kinn. Er zeigt ihr ein Buch mit Motiven. Danach, sagt er, kannst du deine Meinung nicht mehr ändern, das ist dir doch klar? Sie wählt eine Rose, eine ganz kleine. Wohin? fragt er. Sie zieht sich den Pullover über die Schulter. Sie achtet sehr genau darauf, den Stoff nicht zu weit hinunterzuziehen. Sie möchte nicht, dass er die Narben an ihrem Arm sieht. Während er arbeitet, redet er mit ihr, aber sie versteht nicht, was er sagt. Er tut ihr nicht besonders weh.

* *

Sie kauft ein Buch für die kleinen Mädchen, ein Kinderbuch in ihrer Muttersprache, und bringt ihnen ein paar Worte bei. Sie zeigt auf die Dinge und sagt ihren Namen, und die Kinder sprechen ihr nach. Als sie nach oben geht, um der Frau Wasser zu bringen, findet sie sie zum ersten Mal aufrecht sitzend vor. Ihr Gesicht ist blutleer und hager, ihr Haar verfilzt. Im Raum riecht es seltsam.

Wo sind die Kinder?, fragt sie.

Bei mir, sagt Sonia. Sie sind bei mir.

Sag ihnen, sie sollen hochkommen, sagt die Frau. Ich möchte sie sehen. Später vielleicht, sagt Sonia. Wir kochen gerade. Sie müssen sich ausruhen.

Der Mann ist zurück. Sonia hat das Haus geputzt, alles sieht hübsch aus. Sie bereitet eine spezielle Mahlzeit zu, Pilze mit gebratenen Zwiebeln in Rahmsauce und mit Käse überbackene Kartoffeln. Die Kinder helfen ihr beim Kochen. Als das jüngere Mädchen den Käse auf der Metallreibe reibt, verletzt es sich am Finger. Es weint. Es will zu seiner Mutter. Die Schluchzer gehen in großen Schaudern durch den kleinen Körper. Sonia findet ein Pflaster und wickelt es um den Finger. Sie gibt dem Mädchen ein Stück Lebkuchen und nimmt es auf den Schoß, wie sie es bei der Frau gesehen hat, und zu ihrer Überraschung beruhigt sich das Kind.

Gut gemacht, sagt der Mann bei seiner Rückkehr. Er sieht sich im sauberen Haus um, nimmt den angenehmen Geruch aus der Küche wahr. Sehr gut. Ich weiß nicht, was wir ohne dich gemacht hätten.

Er umarmt die Kinder. Er geht nach oben, um die Frau zu sehen, kommt aber bald wieder herunter. Er sagt, sie wolle schlafen. Er sagt, er sei am Verhungern. Sie setzen sich zu viert an den Tisch und essen. Gerade, als sie fertig sind, hören sie Geräusche von oben, Schritte. Die Schritte sind langsam, manchmal hören sie auf, dann fangen sie wieder an. Nach einer Weile erscheint die Frau in der Tür. Sie trägt ein zerknittertes Nachthemd, das Haar steht ihr vom Kopf ab. Ihre Lippen haben eine bläuliche Farbe. Sie ist sehr blass und viel dünner als vorher. Sie stützt sich mit einer Hand am Türrahmen ab und sieht sie alle an, wie sie da sitzen. Sie versucht zu lächeln.

Hallo, sagt sie.

* *

Sonia telefoniert nicht mehr so viel mit Kurt. Manchmal sieht sie seine Nummer auf dem Display und beschließt, nicht ranzugehen. Sie ist zu beschäftigt, um mit ihm zu reden. Sie hat neue Freunde gefunden und geht abends oft aus. Sie besuchen Bars und Clubs, sie tanzen. Sonia hat sich ein neues, rückenfreies Top gekauft, um ihr Tattoo zu zeigen. Sie bekommt so viele Komplimente dafür, dass sie noch einmal in das Studio geht und sich ein zweites stechen lässt, eine lange, blühende Brombeerranke, die sich über ihr ganzes Rückgrat zieht.

Morgens bringt sie die Kinder zur Schule, am Nachmittag holt sie sie wieder ab. Auf dem Weg gehen die Mädchen an Sonias Hand. Sie sitzen in der Küche und backen Kürbiskuchen, Strudel und alles, was Sonia früher mit ihrer Großmutter gebacken hat. Sie hatte es bis jetzt vergessen. In der Adventszeit bastelt sie mit den Kindern einen Filzkalender, wie sie ihn früher hatte. Sie näht kleine Taschen, eine für jeden Tag, und füllt sie mit Schokolade. Die Kinder helfen ihr, den Kalender an die Wand zu hängen. Guck mal, sagen sie zu dem Mann. Guck mal, was Sonia für uns gebastelt hat. Gut gemacht, Sonia, sagt er. Sehr gut.

Die Frau bleibt in ihrem Zimmer. Gelegentlich kommt sie herunter und steht in der Küchentür. Sie scheint nicht recht zu wissen, was sie tun soll. Sie betrachtet Sonia und die Kinder und geht wieder. Inzwischen erhält Sonia ihre Anweisungen von dem Mann. Er schreibt jetzt die Einkaufslisten. Er bringt ihr ein paar englische Gerichte bei. Offenbar findet er ihr Essen zu schwer; sie lernt, raffiniertere Speisen zu kochen. Eines Tages fragt er sie, was sie da tue, und sie antwortet, sie rühre eine Kräutermarinade für das Hühnchen an. Er lacht. Du lernst schnell, sagt er. Er sagt, ihre Ausdrucksweise habe sich sehr verbessert. Er korrigiert ihre Fehler.

Weihnachten bekommt sie ein Geschenk, einen weißen Wollmantel, der sich eng an ihren Körper schmiegt. Sie überreicht der Familie einen großen Stollen, den sie selbst gebacken hat. Sie hat extra ihre Großmutter angerufen und nach dem Rezept gefragt, und nun wird er unter Klatschen und Johlen ausgepackt. So etwas wie diesen weißen Mantel hat Sonia nie besessen; die anderen schauen zu, wie sie ihn anprobiert. Die Frau sagt: Er sieht wunderschön aus, Sonia. Sie sitzt in der Ecke und kaut an den Nägeln. Sonia kann an ihrem Gesichtsausdruck erkennen, dass sie den Mantel selbst ausgesucht hat. Sie bedankt sich. Später steckt sie den Mantel in eine Tüte und schiebt ihn unter das Bett, so weit nach hinten wie möglich.

* *

Der Mann ist in ein eigenes Zimmer umgezogen. Sonia entdeckt seine Sachen dort, als sie zum Putzen hineingeht. Die Frau verbringt ihre ganze Zeit in dem vormals gemeinsamen Schlafzimmer. Zu den Mahlzeiten kommt sie herunter und setzt sich schweigend an den Tisch. Sie rührt das Essen, das Sonia gekocht hat, nicht an.

Die Lage ist im Moment etwas schwierig, sagt der Mann. Du bist uns eine echte Hilfe. Gut gemacht.

Manchmal hört sie, wie die beiden sich anschreien. Sie bleiben bis spät in die Nacht auf. Tagsüber hört sie die Frau in ihrem Zimmer weinen. Abends, wenn sie endlich ins Bett gegangen sind, schleicht Sonia in die Küche hinunter, um Cornflakes zu essen. Plötzlich sehnt ihr Körper sich nach Stärke. Die Nahrung der Familie besteht vorrangig aus Proteinen, aber sie vermisst das tröstliche, weiche Gefühl, diese Fülle in ihren Mund. Manchmal leert sie eine ganze Schachtel und füllt die Schale bis an den Rand mit Milch. Wo ist die ganze Milch hin?, fragt die Frau am nächsten Morgen verärgert.

Eines Nachts sitzt die Frau allein in der Küche.

Sie raucht und starrt aus dem Fenster. Oh, hallo Sonia, sagt sie.

Darf ich auch rauchen? sagt Sonia.

Nur zu, sagt die Frau und wedelt mit der Hand, wie um zu beweisen, dass es ihr egal ist.

Sie sitzen da und rauchen schweigend. Nach einer Weile beginnt die Frau, Sonia nach ihrer Familie auszufragen. Sie fragt nach ihrem Vater, ihrer Mutter und wo sie wohnen.

Meine Eltern sind geschieden, sagt Sonia. Sie leben weit voneinander entfernt.

Wie alt warst du?, fragt die Frau.

Zehn, glaube ich, sagt Sonia.

Und bei wem hast du gewohnt?, fragt die Frau. Bei deiner Mutter oder bei deinem Vater?

Ich wollte bei meinem Vater wohnen, sagt Sonia. Aber seine neue Frau war nicht einverstanden.

Was ist mit deiner Mutter?, fragt die Frau.

Sie wollte mich nicht im Haus haben. Sie mag mich nicht. Ich habe viel Zeit bei meiner Großmutter verbracht. Meine Großmutter mag meine Mutter auch nicht. Sie ist mit sechzehn von zu Hause weggelaufen. Sie ist mit meinem Vater durchgebrannt.

Die Frau zieht die Augenbrauen hoch. Sie hat einen bestürzten Ausdruck im Gesicht. Wie alt war deine Mutter, als du geboren wurdest?, fragt sie.

Sie war schon mit mir schwanger, als sie weggelaufen ist, sagt Sonia. Sie war sechzehn.

Dann ist sie jetzt so alt wie ich, sagt die Frau.

Sie ist jünger als Sie, sagt Sonia.

Ich möchte dir sagen, fängt die Frau nach einer Pause an. Ich möchte dir sagen, wie leid es mir tut, dass dir so etwas zugestoßen ist. Es tut mir wirklich leid.

Sonia sieht sie an. Ein schwummriges, warmes Nässegefühl breitet sich in ihrem Kopf aus. Sie fühlt sich plötzlich weich, weich wie Teig.

Jemand sollte sich bei dir entschuldigen, sagt die Frau. Das möchte ich hiermit tun. Ich bitte dich um Entschuldigung.

Sie steht auf, und bevor sie die Küche verlässt, kommt sie heran und umarmt Sonia. Ihr Körper ist hart und knöchern. Sonia meint, den Abdruck auf ihrem eigenen weichen Fleisch noch lange zu spüren.

* *

Der Mann sagt: Sonia, ich brauche dich.

Er packt seine Sachen und will, dass sie ihm dabei hilft. Er sagt ihr, was zu tun ist. Sie packt Kisten und legt ordentlich gefaltete Kleidung in Koffer. Sie streicht über die gebügelten Hemden und ordnet die Socken zu strammen Päckchen.

Am Abend ruft Kurt an.

Endlich habe ich das Geld für ein Ticket zusammen, sagt er. Ich komme dich besuchen.

Sonia überlegt.

Wir sollten uns in London treffen, sagt sie. Ich will den Buckingham Palace und Big Ben sehen. Ich will in die Clubs gehen.

Okay, sagt Kurt bewundernd. So ist es viel einfacher für mich.

Ich weiß, wo wir billig übernachten können, sagt sie.

Sie wohnen in einem Hostel am Leicester Square und teilen sich ein enges Einzelbett. Sie hat nie mit Kurt geschlafen. Er hat nie danach gefragt. Sie verbringen die ganze Nacht im Club und schlafen den ganzen Tag.

Mein nächster Job wird in London sein, sagt Sonia. London ist eine tolle Stadt.

Er fragt nach der Familie, bei der sie wohnt.

Die ist toll, sagt sie.

Und die Kinder?

Die Kinder sind wirklich süß, sagt sie.

Sie zeigt ihm Fotos auf ihrem Handy.

* *

Als sie zurückkommt, ist der Mann weg. Sein Zimmer ist leer. Draußen regnet es, sie tritt ans Fenster und beobachtet die Tropfen eine Weile. Später ruft er sie an und bittet sie, ihm die Kinder nach der Schule zu bringen. Sie kocht ein Abendessen in der fremden Küche. Zum Schlafen fährt sie zurück in das Haus; in der neuen Wohnung des Mannes ist nicht genug Platz. Sie sieht die Frau nicht, aber sie hört sie nachts herumlaufen.

Am nächsten Tag bringt sie die Kinder nach der Schule wieder zu dem Mann. Abends klingelt die Frau. Das ältere Mädchen geht zur Tür und lässt sie herein. Sonia und der Mann sitzen beim Abendessen am Tisch, das jüngere Mädchen sitzt auf Sonias Schoß. Sonia hat ihm die Haare geflochten.

Die Frau kommt herein und erstarrt. Sie sieht Sonia an und wirkt schockiert. Sie und der Mann verschwinden im Nebenraum, wo sie reden können. Dann geht sie und nimmt die Kinder mit. Zum Abschied umarmen sie

Sonia, sie klammern sich an sie. Seid brav, sagt sie. Geht mit eurer Mama.

Sonia und der Mann bleiben allein zurück. Sie spült das Geschirr und räumt auf. Schließlich sagt er ihr, dass sie gehen kann. Ich brauche dich nicht mehr, sagt er.

Zu Hause erwartet die Frau sie schon im Flur.

Ich möchte, dass du gehst, sagt sie. Du kannst nicht bleiben. Sonia schaut sie aus weit geöffneten Augen an.

Für dich gibt es hier nichts mehr zu tun, sagt die Frau. Es tut mir leid.

Sonia weigert sich, die Entscheidungsgewalt der Frau anzuerkennen. Sicher hat der Mann da ein Wort mitzureden?

Er hat auch keine Arbeit für dich, sagt die Frau. Wir müssen das allein schaffen, fügt sie hinzu.

Sonia beschließt, es selbst herauszufinden. Sie hat die Nummer des Mannes in ihrem Handy gespeichert. Er ruft sie ständig an, um ihr Anweisungen zu geben. Er braucht sie.

Glaub mir, sagt die Frau. Glaub mir, das wird nicht funktionieren.

Die Frau sieht schrecklich aus. Sie ist so dünn wie ein Skelett. Eine Gesichtshälfte ist geschwollen, sie hat sich die Hand an die Wange gelegt.

Mir wurde ein Zahn gezogen, sagt sie. Das Loch tut immer noch weh.

Wo soll ich hin?, fragt Sonia.

Die Frau schluckt, schließt die Augen und drückt sich die Hand an die Wange.

Ich habe eine andere Familie für dich gefunden, sagt sie. In London.

Ganz kurz scheint sich hinter der Frau eine Art Kluft aufzutun, ein riesiges graues Stadtpanorama, wo eigentlich die Wand sein sollte. Sonia bekommt Angst. Am liebsten würde sie nach oben rennen und sich in ihrem Zimmer einschließen. Sie möchte sich unter dem Bett verstecken.

Nein, sagt sie. Nein, ich will nicht.

Sie kann nicht sprechen. Das Gesicht der Frau ist schmerzverzerrt und hässlich. Sie stehen einander im künstlichen Flurlicht gegenüber, die Frau am Fuß der Treppe, als wollte sie Sonia den Weg abschneiden. Sie will sie hinauswerfen.

Es ist in Ordnung, sagt die Frau, nimmt sich die Hand von der Wange und legt sie auf Sonias Arm. Es ist die Familie meiner Schwester. Du hast sie einmal kennengelernt, erinnerst du dich? Sie weiß alles über dich. Sie würde sich über deine Hilfe freuen. Es ist das Mindeste, was wir für dich tun können, sagt sie und sie schließt wieder die Augen.

* *

London ist großartig. London ist eine tolle Stadt. Bei der neuen Familie hat Sonia eine eigene kleine Wohnung im Souterrain des Hauses. Sie meldet sich im Fitnessstudio an und ist fast jeden Abend unterwegs. Es gibt hier vier statt zwei Kinder zu betreuen, aber trotzdem weniger Arbeit, weil die neue Frau die meisten Dinge lieber selbst erledigt.

Weihnachten muss Sonia an die alte Familie denken. Sie erinnert sich. Inzwischen ist es Winter geworden, es wird schon um vier Uhr dunkel. Sonia trägt einen neuen

Mantel aus Kunstfell, den sie sich in der Oxford Street gekauft hat. Sie ist auf dem Heimweg und geht durch die Straßen des Viertels. Die Gegend ist wohlhabend, alle Häuser haben gestutzte Hecken und gepflegte Vorgärten. In den meisten Fenstern brennt Licht, und im Vorbeigehen schaut Sonia hinein und sieht die Menschen in den warmen, hellen Zimmern. Sie erinnert sich daran, wie sie das alte Haus verließ; wie die Frau ihr ein Taxi zum Bahnhof rief und sich auf der Vortreppe verabschiedete. Die Frau ging wieder hinein und schloss die Tür. Sonia trug ihren Koffer allein zum Taxi. Bevor sie einstieg, drehte sie sich noch einmal zum Haus um, dessen Fenster jetzt schwarz waren, und da entdeckte sie die Silhouette der Frau, die dort drinnen allein im Dunkeln saß.

Sobald sie zu Hause ist, sucht sie das Rezept ihrer Großmutter heraus, stellt sich an die Küchenzeile ihrer Wohnung und backt einen großen Stollen. Es dauert den ganzen Abend und die halbe Nacht. Der kleine Raum wird so warm, dass sie die Fenster öffnen und die eisige Luft hereinlassen muss. Sie zieht ihren Pullover aus und macht im Unterhemd weiter, mit nackten Armen. Als der Stollen gebacken und abgekühlt ist, nimmt sie ein langes, scharfes Messer und teilt ihn vorsichtig in zwei gleich große Hälften. Sie wickelt die Hälften in Papier und dann in Folie, und zuletzt schlägt sie sie in buntes Weihnachtspapier ein und legt sie in zwei Pakete, die sie am nächsten Morgen verschicken wird, eins an den Mann und eins an die Frau.

Danksagung

Gewisse Menschen haben es mir ermöglicht, dieses Buch zu schreiben, und ich möchte ihnen danken. Meine Schwester Sarah war mir eine Stütze und eine Freundin. Ein Jahr lang war nicht nur ihre Zeit, sondern auch ihre Veranlagung zu Glück und Familienleben eine Dauerleihgabe in meinem Haus. Russell Celyn Jones hat die Entstehung der vorangegangenen Kapitel beratend miterlebt; unter anderem schulde ich ihm den Begriff des Danach, der das zentrale Motiv des Buches ist. Hannah Griffiths ist den feministischen Prinzipien des autobiografischen Schreibens auch dann noch treu geblieben, als es wehtat. Andrew Wylie und Sarah Chalfant haben mich wie eine Autorin behandelt, bis ich abermals zu einer wurde. David Rogers, Meg Jensen und Adam Baron von der Kingston University erwiesen sich als ebenso großzügige Kollegen wie gute Freunde. Meine Eltern haben mich unermüdlich unterstützt und mir im entscheidenden Moment die Zeit zum Schreiben verschafft. Und vor allem danke ich meinen wunderbaren Töchtern Albertine und Jessye, die die schwierige Zeit mit solcher Würde und Kraft ertragen haben. Es ist unmöglich, sie zu sehen und sich nicht von ihrem Triumph über die Traurigkeit aufheitern zu lassen. Auf sie bin ich stolzer, als ich sagen kann; ich hoffe, dass sie dieses Buch eines Tages lesen und sich zumindest nicht dafür schämen werden.

Inhalt